COLEÇÃO VIAGENS RADICAIS

EM BUSCA DO MUNDO MAIA

OUTROS TÍTULOS DA COLEÇÃO VIAGENS RADICAIS:

O navio de ouro, de Gary Kinder
De Londres a Kathmandu, de Marcelo Abreu
Loucos por ti, América, de Margi Moss e Gérard Moss
Aventura no topo da África – Trekking no Kilimanjaro, de Airton Ortiz
A volta por cima, de Margi Moss e Gérard Moss
Na estrada do Everest, de Airton Ortiz
Narcosis, de Carlos Secchin
Em busca da utopia kitsch, de Marcelo Abreu
Pelos caminhos do Tibete, de Airton Ortiz
Congelados no tempo, de Owen Beattie e John Geiger
O último mergulho, de Bernie Chowdhury
Nas fronteiras do Islã, de Sergio Tulio Caldas
O mar esquecido por Deus, de Derek Lundy
Tragédia no pólo, de Wilbur Cross
Everest: o diário de uma vitória, de Waldemar Niclevicz
Cruzando a última fronteira: uma aventura pelo fascinante Alasca, de Airton Ortiz
Asas do vento, de Margi Moss e Gérard Moss
Expresso para a Índia, de Airton Ortiz
Travessia da Amazônia, de Airton Ortiz
No coração da África, de Martin Dugard
Egito dos faraós, de Airton Ortiz
Na trilha da humanidade, de Airton Ortiz
Um sonho chamado K2, de Waldemar Niclevicz

Airton Ortiz

COLEÇÃO VIAGENS RADICAIS

EM BUSCA DO MUNDO MAIA

EDITORA RECORD
RIO DE JANEIRO • SÃO PAULO

2007

CIP-Brasil. Catalogação-na-fonte
Sindicato Nacional dos Editores de Livros, RJ.

Ortiz, Airton, 1954-
O89e Em busca do mundo maia / Airton Ortiz. – Rio de Janeiro: Record, 2007.
(Viagens radicais)

ISBN 978-85-01-07998-5

1. Ortiz, Airton, 1954- – Viagens – América Central. 2. América Central – Descrições e viagens. 3. Maias. I. Título. II. Série.

07-2619 CDD – 917
CDU – 913(7)

Fotos do encarte: arquivo pessoal do autor
Composição de miolo: Abreu's System

Direitos exclusivos desta edição reservados pela
EDITORA RECORD LTDA.
Rua Argentina 171 – Rio de Janeiro, RJ – 20921-380 – Tel.: 2585-2000

Impresso no Brasil

ISBN 978-85-01-07998-5

PEDIDOS PELO REEMBOLSO POSTAL
Caixa Postal 23.052
Rio de Janeiro, RJ – 20922-970

CÓPIA NÃO AUTORIZADA É CRIME
ABDR
ASSOCIAÇÃO BRASILEIRA DE DIREITOS REPROGRÁFICOS
RESPEITE O DIREITO AUTORAL
EDITORA AFILIADA

Meus agradecimentos à Cia. Zaffari,
cujo apoio me possibilitou esta jornada ao misterioso mundo
da grande civilização maia.

“Errar é humano; insistir no erro é burrice.”

Provérbio popular

Sumário

Nicarágua

Manágua

Casa Vanegas era um pequeno albergue, mas atendia a três necessidades básicas, fundamentais para qualquer pessoa que viaje por conta própria: era seguro, limpo e bem localizado, ao lado da estação rodoviária. Em uma das cidades mais violentas da América Central, essas eram premissas básicas para uma boa estadia. Mesmo breve, minha passagem pela capital nicaragüense seria tensa; eu pretendia visitar um dos locais mais atingidos pela miséria que assola o país, uma nação pilhada por suas elites autoritárias e corruptas ao longo dos séculos.

Desde os primeiros momentos em que os exploradores espanhóis pisaram em seu litoral até os dias atuais, o povo só conheceu miséria. A tristeza e a desesperança só não foram maiores porque os nativos nunca deixaram de lutar contra os opressores, fossem eles estrangeiros ou mesmo os atuais detentores do poder, homens que só têm em comum com a terra o fato de nela terem nascido.

Manágua está a 50 metros de altitude, sua temperatura média diária dificilmente baixa dos 30°C. Quando cheguei fazia um calor terrível, a chuva no meio da tarde servira apenas para deixar o clima mais desagradável, úmido e sufocante. Engrossada pela fuligem liberada pelos escapamentos dos carros, movidos por motores desregulados jogando na atmosfera a maior parte do combustível que deveria ser queimado em seus motores, a poluição grudava em meu corpo como uma segunda pele, uma carapaça viscosa e nojenta. Quando passava a mão pela testa para evitar que o suor escorrendo pelo rosto me turvasse a visão, meus dedos sebosos e imundos em decorrência da poluição ficavam com uma aparência repugnante.

Precisava de um banho refrescante para aliviar o desconforto e a tensão, esta agravada pelos conselhos de todos os mochileiros encontrados até então, nas semanas em que vinha percorrendo a América Central:

— Tenha cuidado, Manágua não tem a menor segurança, é um assaltante ao lado do outro — diziam-me os gringos.

Normalmente relativizo esse tipo de recomendação, as pessoas costumam ser mais assustadas do que a já assustadora realidade das ruas das grandes cidades dos países pobres do mundo. Brasileiro, costumo me divertir com o tom alarmado dos mochileiros europeus, especialmente os nórdicos, para quem os grandes atrativos da América Latina, suas belezas naturais e os preços baixos dos hotéis, ônibus e restaurantes estão perdendo seu charme por causa da selvageria da sua gente — da nossa gente!

As tristes histórias dos crimes violentos contra os turistas que ainda ousam se arriscar em território brasileiro correm o mundo, aumentadas na base do cada um que as conta lhes acrescenta outro tanto, enterrando todo o país na cínica guerra civil que eclode em algumas cidades brasileiras. Nessa mesma viagem, quase no fim, quando uma jovem européia pediu para acompanhar-me na travessia do cânion do Sumidero, no México, perguntei-lhe se ela não temia algum acidente durante o desafio.

— Passei uma semana no Rio de Janeiro, em Copacabana, e sobrevivi — contou-me ela, sem saber que eu era brasileiro. — Quem sobrevive aos bandidos nas praias do Rio de Janeiro é capaz de sobreviver em qualquer lugar.

Bárbaros é um adjetivo comum na mente dos viajantes independentes que já tiveram a má sorte de encontrar-se com a feia cara da violência no território brasileiro. Bárbaros nada doces, esses somos nós. Pelo menos assim nos vêem no exterior.

Mas isso tem lá as suas vantagens, quem diria.

Vagando pela América Latina, com freqüência sou assediado pelos gringos quando descobrem que sou brasileiro. Imaginam que, por estarem comigo, estão mais seguros; um nativo deve saber safar-se com tranqüilidade diante das armadilhas do grande continente mestiço. Até pode ser — nossa realidade, assim como a africana e a asiática, não me enerva tanto quanto a exagerada assepsia européia e seus preços impraticáveis, gente sem a menor noção do significado das palavras *revolta* ou *barato*.

Exaspera-me mais o padronizado vazio monocromático dos países industrializados do que a colorida confusão das nações pobres do mundo, nas quais podemos saborear a diversidade dos povos, suas tradições e seus costumes. Riscos físicos não me constrangem tanto quanto os riscos provocados pela monotonia das almas conformadas, anestesiadas pelos bons empregos e pela capacidade de honrar as faturas de seus cartões de crédito no vencimento.

Revolta & telenovela

Mesmo assim, eu estava um pouco confuso. Manágua está além dos tradicionais imprevistos centro-americanos — nessa cidade tudo é possível. Já haviam me alertado, era bom não esquecer. Subestimar os perigos é o maior risco para quem gosta de correr perigo, e isso afeta especialmente os veteranos. Adrenalina no sangue provoca um bem-estar agradável, mas desde que o sangue se limite a correr apenas dentro das veias.

No saguão do albergue a televisão mostrava cenas chocantes do conflito entre policiais e estudantes contrariados com um possível aumento das passagens urbanas. Barricadas, carros incendiados, ônibus atacados, gás lacrimogêneo e jovens feridos cambaleando pelas calçadas em nada estimulavam minha vontade de bater perna pelas ruas, único motivo para me segurar alguns dias na capital nicaragüense.

As eleições presidenciais já estavam marcadas. Daniel Ortega, o grande líder sandinista, liderava as pesquisas; os políticos davam entrevistas acusando-se mutuamente pelos distúrbios. Nada de prático era feito, agora até os estudantes secundaristas sangravam em frente às escolas e a balbúrdia só tendia a aumentar. Milícias armadas, a pretexto de defender os ônibus, esse patrimônio privado inalienável, atiravam a esmo na multidão, gente caía aos borbotões pelas esquinas na ânsia da fuga.

Esse tipo de situação transfere a polícia para as áreas em conflito, tornando a cidade mais suscetível às ações dos bandidos comuns, deixando temerosos meus colegas no albergue. Para aliviar a tensão, troquei o canal da televisão. O controle remoto estava em minhas mãos, meus parceiros de sofá quase nada entendiam de espanhol, cabia a mim a tarefa de conduzir suas emoções frente à tela da tevê. E não foi difícil encontrar uma distração mais amena.

Nada como uma telenovela brasileira para relaxar. Os atores de *O Clone* — aquela novela em que a Giovanna Antonelli usava vestimentas árabes — falando espanhol ficavam ainda mais inverossímeis do que na versão nacional. Nada melhor do que a indústria cultural brasileira para nos arrancar da crua realidade e nos jogar num mundo fantasioso, em que todos os sonhos são possíveis.

— *Malhaçao?* — Perguntou-me um rapaz, incapaz de pronunciar o nosso til.

— Não — respondi, surpreso pelo conhecimento que demonstrava ter de nossos programas televisivos.

— Estou vindo do México — ele disse. — Lá está passando *Malhaçao.*

— Que tal? — perguntei.

— Gosto muito de assistir a *Malhaçao* — ele disse, com certo brilho nos olhos, motivo que logo descobri. — As mulheres são muito... muito... como dizem os brasileiros? Muito gostosas!

— *¿Es verdad?* — indagou um espanhol, entrando no assunto. — *¿Usted conoce o Brasil?* — perguntou-me, incapaz de pronunciar nosso Z.

Desisti.

Flor de Caña

Com os devidos cuidados atravessei a rua e fui até uma *fritanga*, na esquina perto do albergue. No pequeno quiosque pedi uma *gaseosa* de limão e um *vigorón*: aipim cozido, esmagado e misturado com torresmo de porco, envolto numa gostosa salada de repolho, tudo servido sobre uma folha de bananeira. No final, para ajudar a digestão, tomei um trago de Flor de Caña, o tradicional rum feito na Nicarágua, orgulho do país, considerado pelos *connoisseurs* o melhor do mundo, muito melhor do que o rum cubano. Não sou especialista nessa bebida, mas a aprecio muito, e a versão envelhecida em pequenos barris de carvalho durante sete anos é realmente extraordinária.

Destilado, envelhecido e engarrafado pela Compañia Licorera de Nicaragua, em Chichigalpa, perto de León, esse rum vem ganhando centenas de prêmios internacionais desde que começou a ser fabricado há mais de um século. O San Antônio é o maior engenho de cana-de-açúcar da América Central, local que eu pretendia visitar, mas que provavelmente ficaria para uma outra viagem.

Senti-me um pouco ridículo com os excessos de cuidados ao sair pelas ruas de Manágua. Os distúrbios ficavam longe do local em que me encontrava e as pessoas me pareciam tão amigáveis quanto todas as outras encontradas neste périplo. Eu estava viajando a maior parte do tempo pelo interior dos países, onde tudo é mais tranqüilo. É exatamente por isso que prefiro as cidades pequenas. Além de eu as considerar mais bonitas, tem-se mais oportunidades de um contato direto e mais profundo com seus moradores, meu verdadeiro interesse quando visito um país — apenas as paisagens não dizem nada.

Mesmo assim não me pareceu arriscado andar nas ruas de Manágua no fim da tarde. A cidade não é bonita, seus prédios nada têm de especial. Restava-me então descobrir algum encanto na alma de seus moradores.

— *Buenas tardes* — eu disse, ao sentar-me numa cadeira encascurrada na varanda de um pequeno bar com chão de terra batida, paredes de alvenaria e teto de zinco. Dentro, uma verdadeira fornalha, expulsando todos os fregueses para o lado de fora, alguns sentados na própria calçada.

Não falei para ninguém em especial, fiz apenas um cumprimento genérico, como manda o costume local. Todos responderam, também por questão de educação, e continuaram seus afazeres, bebendo e comendo, quase ignorando minha presença. Não me pareceram hostis, mas também não demonstraram interesse em puxar um papo. Melhor assim, pensei, talvez me julguem um morador da capital.

Passar despercebido numa cidade estrangeira é a melhor das camuflagens, nada mais seguro do que se parecer com alguém da própria comunidade. Talvez fosse meu jeito latino — se é que existe um jeito latino de se parecer —, talvez eles estivessem preocupados demais com seus problemas pessoais para dar trela a mais um desocupado que entrava no bar. Isso me deu mais tranqüilidade, a ponto de estender minha preguiça de fim de tarde por longo tempo.

— Um trago, por favor — falei para o garçom, quando ele chegou.

— Algo especial, senhor?

— Vocês têm Flor de Caña?

— Claro.

— Sete anos? — salientei, levantando uma das sobrancelhas, só para ele ver como eu entendia do assunto.

— Não, temos só o comum. É mais barato, o senhor sabe — ele respondeu, meio constrangido, tirando o guardanapo de pano branco do ombro esquerdo e colocando no direito, um cacoete várias vezes repetido enquanto estive no bar.

— Gosto mais do Sete Anos — insisti, com ar de desdém.

— Que tal uma *Nica Libre?* — ele ofereceu.

— *Nica Libre?* — perguntei, não conseguindo esconder um certo espanto. O gesto não deve ter passado despercebido ao velho garçom, desbancando minha pose de especialista em rum nicaragüense.

— Rum, Coca-Cola, limão e gelo — ele falou, triunfante.

Claro, pensei. Na ilha de Fidel, Cuba Libre, na Nicarágua, Nica Libre. Haveria uma, por exemplo, USA Libre? Não, não creio, eles não sabem o que é isso, preferem Coca-Cola com hambúrguer. Que tal uma Brazuca Libre? Também não, nossa criatividade não vai a tanto.

— Claro — respondi ao garçom. — Por favor, uma Nica Libre. Com bastante gelo — ainda gritei, quando ele se afastou.

Gringos perdidos

Ao anoitecer voltei para a hospedagem, onde encontrei um casal de jovens desesperados na recepção, a moça aos prantos. A dona do albergue, confusa, pediu-me para ajudar com o inglês. Logo fiquei sabendo o motivo: esqueceram a pequena mochila no banco traseiro do táxi que os trouxera do aeroporto. Dinheiro, documentos, passaportes e cheques de viagem. Peço para se acalmarem, também não consigo entender tudo o que falam. Eles reclamam sem parar, discutindo muito mais entre si do que conosco. Por fim, consigo fazê-los me ouvir.

— O taxista, tão logo veja a mochila de vocês no banco do carro, voltará aqui — afirmei, num tom o mais convincente possível.

Curioso, mas eu não estava tentando iludi-los, acreditava mesmo em minhas palavras. Não consigo desconfiar dos trabalhadores pobres do Terceiro Mundo, talvez essa seja uma grande falha em meu caráter, quem sabe por me sentir um deles. Fico indignado quando me imputam todo tipo de desconfiança apenas por morar no lado de baixo do equador. Onde, ao contrário da música, também existe pecado.

Táxi oficial do aeroporto, ele tinha responsabilidades com seus passageiros, não era um carro pirata contratado na rua, argumentei. O casal estava inconsolável, não tinha a mesma tolerância para com os nativos, gente subnutrida e pouco confiável. Morenos demais, gente mirrada, alguns até negros eram, imagina! Não que fossem racistas, longe disso, eram jovens politicamente corretos. Mas não podiam negar a realidade. Além do mais, já tinham ouvido tanta coisa dessa gente... Países tão bonitos... Já o povo...

— O problema — bem lembrou-me a dona do albergue — será se ele pegar outro passageiro antes de ver a mochila.

— Vocês pegaram um táxi do aeroporto ou foi um carro avulso? — perguntei.

— Do aeroporto — o rapaz respondeu, um pouco mais calmo. Ou pelo menos tentando parecer.

Telefonamos para lá e os colegas dele nos garantiram, falariam com o taxista tão logo ele voltasse. Dada a ansiedade do casal, sugeri que pegassem outro táxi e voltassem para o aeroporto, assim não se sentiriam tão impotentes diante da delicada situação. Lá se foram em busca de um táxi, eu e a dona do albergue voltamos para a próxima novela, nada mais havia a fazer. Os demais hóspedes já estavam dormindo, não se arriscariam na rua após o anoitecer.

— A senhora gosta das telenovelas brasileiras? — perguntei-lhe; ela estava mais interessada na dramaturgia do que no noticiário. Não era para menos: drama por drama, melhor o falso.

— Adoro! — ela respondeu, entusiasmada. — São melhores do que as mexicanas.

— Em que sentido elas são melhores do que as mexicanas?

— São mais reais, falam das coisas que acontecem na vida real. As telenovelas mexicanas são muito fantasiosas, a vida não é bem assim.

A conversa estava boa, mas não pudemos nos concentrar na televisão — o casal norte-americano havia retornado no mesmo pé, agora acompanhado pelo taxista. Traziam a pequena mochila na mão, esfuziantes, todo sorrisos.

— Como você viu a mochila? — perguntei ao taxista.

— Um passageiro viu e me avisou — ele respondeu, na maior naturalidade. — Imaginei que fosse dos gringos e vim devolver.

— Não se esqueça da *propina* — falei para o casal, apontando para o motorista.

— *Propina?* — ele perguntou.

— *Tip* — respondi.

— Ah, sim — disse a moça.

— Quanto?

— Quanto vocês dão de gorjeta em Nova York?

— Vinte por cento do valor da corrida.

— Então pague a nova corrida, essa feita para trazer a mochila do aeroporto, some as duas viagens e dê 50 por cento de gorjeta.

Eu achava um valor justo, mas eles fizeram isso e mais um pouco. Saíram no táxi e voltaram em seguida carregados de pacotes do McDonald's. O casal, o taxista, a dona do albergue, sua filha pequena e eu fizemos um belo lanche. Pena a gorda senhora não permitir bebidas alcoólicas no albergue; assim só pude tomar meu trago de Flor de Caña no quarto, pouco antes de ela ir dormir. E a próxima novela custou a terminar.

Na manhã seguinte, bem cedo, o casal viajou para Granada, os jovens estavam em lua-de-mel.

Pré-história

Os vestígios humanos mais antigos encontrados na América Central estão na Nicarágua, na zona urbana da capital, perto do lago de Manágua. Conhecido como Huellas de Acahualinca, o sítio arqueológico consiste em uma longa trilha de pegadas deixadas por homens, mulheres e crianças. Feitas por um grupo nômade há seis mil anos, as marcas na cinza vulcânica petrificada mostram o povo fugindo da erupção do vulcão Masaya em busca de abrigo no então lago Xultún.

Descobertas por acaso em 1874, quando operários escavavam uma construção, o local está preservado por um pequeno museu construído sobre e em volta das escavações. Trata-se de um modesto empreendimento, bem abaixo do que era de esperar dada a sua importância científica. Infelizmente, isso é muito comum nos países latino-americanos, envolvidos em necessidades humanas mais urgentes do que a preservação de sua história, por mais bonita e instigante que esta seja.

Uma das conseqüências do degelo ocorrido no final da última era glacial foi a elevação do nível do mar em cerca de 120 metros, inundando as planícies costeiras da América Central, forçando suas populações a adotar novos padrões econômicos e sociais que lhes permitissem não apenas subsistir, mas desenvolver novas formas de vida.

As terras altas foram ocupadas por grupos com um padrão de vida nômade cíclico, vivendo da coleta de plantas complementadas com a caça de pequenos animais, em geral não maiores do que um veado. Eram famílias extensas que se uniam na época das chuvas e se dispersavam em pequenos grupos durante as estações áridas. Esse padrão de nomadismo estacionário lhes permitia aproveitar sucessivamente os recursos das distintas zonas ecológicas, resultando em civilizações bem desenvolvidas nos milênios seguintes, como os próprios maias.

As selvas tropicais da América do Sul, especificamente no Norte do Brasil, também foram ocupadas por pequenos grupos familiares nômades. No entanto, eles não desenvolveram padrões migratórios cíclicos em razão da grande disponibilidade de alimentos na selva. A tecnologia empregada para a fabricação de ferramentas de pedra continuou primitiva, utilizada em especial para trabalhar a madeira e partir frutos de casca dura.

Nossos ancestrais brasileiros viviam particularmente da coleta de alimentos, utilizando-se da caça de pequenos animais de forma muito reduzida. Esse foi um dos motivos pelos quais nossas nações indígenas, como os ianomâmis, não se urbanizaram como fizeram os maias e os incas.

Por isso, minha passagem por Manágua era exatamente para conhecer um pouco melhor a pré-história centro-americana, sobretudo suas divergências com relação ao que ocorreu na mesma época em território brasileiro.

Nicaraos

Diversos grupos indígenas habitaram a região antes da chegada dos europeus, incluindo os nicaraos, povos que viviam entre os lagos e a costa do Pacífico, área que eu estava cruzando nesta expedição, iniciada no Panamá, e que vinha se estendendo preguiçosamente havia semanas. Eu teria muitas dificuldades pela frente, em especial quando entrasse nas selvas para visitar as ruínas das grandes cidades maias, mas por ora estava mais para um turista a passeio do que para um repórter verdadeiramente investigativo.

Pior: estava me acomodando à situação.

Especialmente interessado na tradição maia, a primeira parte da viagem serviu mais como uma espécie de aquecimento cultural, adaptando-me ao ritmo de vida dos habitantes da ponte de terra que ora liga o sul e o norte do grande continente americano. Formado há três milhões de anos, quando uma alteração geológica na região criou o istmo do Panamá, esse caminho deu passagem aos humanos primitivos que migraram para o Brasil e, por fim, para a Terra do Fogo, povoando todo o continente. De certa forma, saindo de Porto Alegre eu estava fazendo o caminho inverso.

Comprovadamente os ancestrais dos nicaraos migraram do norte, pois falavam um dialeto náuatle, a língua dos astecas. Havia semanas eu vinha notando que muitas localidades ainda preservavam seus nomes originais, uma resistência heróica ao fundamentalismo cristão trazido pelos invasores espanhóis com seus estandartes coloridos, barcos monstruosos e cavalos divinos.

O primeiro contato dos indígenas com os europeus foi em 1502, quando Cristóvão Colombo navegou pela costa caribenha da Nicarágua. Em 1522, a primeira missão exploratória, liderada por Gil Gonzáles de Ávila, partiu do Panamá e aportou na bacia sul do lago da Nicarágua, região amplamente povoada por aldeias nicaraos. Com base no nome do chefe da tribo, também chamado Nicarao, o país foi batizado de Nicarágua. Eles receberam amistosamente os espanhóis, tornando-se os primeiros povos indígenas americanos a se converter voluntariamente ao cristianismo.

Dois anos mais tarde os europeus voltaram, dessa feita com outras intenções: conquistar. Liderados por Francisco Fernández de Córdoba, fundaram as cidades de Granada e, pouco mais tarde, León. Situadas entre as aldeias indígenas, os colonizadores logo subjugaram os nativos com muita violência e crueldade. Os pacíficos líderes locais que não aderissem voluntariamente aos bárbaros invasores eram presos e queimados vivos, uma dramática antecipação do que lhes aguardava no futuro.

A região em torno da atual cidade de Manágua era habitada por um povo guerreiro, agricultores que tiravam parte de seu sustento da caça e da pesca. Eles se opuseram aos espanhóis e suas aldeias foram cruelmente destruídas. Durante os três séculos seguintes, Manágua permaneceu uma pequena vila, afundada na miséria, nas doenças contagiosas e na promiscuidade trazida pela civilização européia.

Neurose de turista

Embora as pousadas mais baratas da capital, as preferidas pelos viajantes estrangeiros, se concentrassem no bairro Martha Quezada, onde me encontrava, todas as referências, tanto dos outros mochileiros como dos guias de viagens, alertavam para a insegurança do local, especialmente nos arredores da garagem da Tica Bus, uma grande companhia de ônibus da Costa Rica, responsável pelo transporte de luxo entre os sete países centro-americanos.

Os assaltos e roubos eram tantos nos arredores da Casa Vanegas que a proprietária vivia aos solavancos com seus vizinhos, desocupados achacadores de seus futuros hóspedes. Para os turistas recém-iniciados, vindos principalmente dos Estados Unidos e do Canadá, a situação era mesmo desagradável. Mas vista sob uma perspectiva mais ampla, quase em nada diferia da realidade de outros lugares do mundo em que os estrangeiros ricos gostam de desfrutar os preços módicos.

Quando desci do ônibus procedente de León, meu último destino após alguns dias na ilha de Ometepe e na cidade colonial de Granada, dois indivíduos suspeitos me seguiram pela calçada oferecendo-me hospedagem em hotéis "baratos e seguros". Esses caras são tão reconhecíveis, independentemente de os encontrar na América Central, na África ou na Ásia, que mais parecem uma caricatura mal traçada, rabiscada por um mesmo desenhista de segunda categoria.

Como sempre, eu os dispensei. Tinha o endereço da Casa Vanegas em mente. Mesmo assim, eles me acompanharam até a entrada da pousada, dizendo para a proprietária que eu estava ali por sugestão deles. Ela me perguntou se era verdade e logo desmenti — os malandros por certo não imaginavam que eu falasse espanhol, tão acostumados estavam a ludibriar os turistas não-latinos.

— Nem conheço estes caras — fui logo explicando. Caso eles ganhassem alguma gorjeta, essa sairia do meu bolso, imediatamente acrescentada ao valor da diária.

— Corram daqui, seus larápios — ela disse, enxotando os marginais com um gesto enérgico.

Eles se afastaram, resmungando, não sem antes me marcar com um profundo e ameaçador olhar. Nem era preciso, mas a proprietária me aconselhou a ter cuidados redobrados com aquela gente quando saísse à rua.

— Quando você for sair — ela repetiu, enquanto entrávamos no pátio através de um pesado portão de ferro —, avise-me que chamo um táxi, será mais seguro.

A situação era ridícula, não é dessa maneira que se conhece uma cidade. Para evitar maiores constrangimentos — não queria desrespeitá-la, mas também não pensava em seguir à risca sua orientação excessivamente cautelosa —, saí sozinho na manhã seguinte; pretendia caminhar até o sítio arqueológico, alguns quilômetros em direção ao lago de Manágua. Tão logo pisei na avenida Monumental e pedi informações a uns transeuntes sobre o melhor caminho a seguir eles imediatamente me aconselharam a pegar um táxi, temiam por minha segurança.

Parecia um complô da cidade contra um estrangeiro malvestido. Impressionava-me que minhas velhas sandálias de couro, uma bermuda desfiada e uma camiseta regata enxovalhada pudessem atrair a cobiça de alguém. Meu chapéu de palha, então... Fazia muito calor e meus únicos sinais exteriores de riqueza eram uma câmera fotográfica, tão compacta que nem aparecia no bolso lateral da bermuda, e um relógio comprado algumas semanas antes num mercado de pulgas na Cidade do Panamá por menos de cinco dólares.

Talvez os ladrões esperassem encontrar sob minha roupa uma pochete recheada de dólares, como faz a maioria dos turistas, uma ótima maneira de facilitar o trabalho dos assaltantes de rua. Há muito tempo eu não cometia mais essa infantilidade: já saía do hotel com o dinheiro contado, pequenas notas espalhadas por todos os bolsos.

Quando perguntei uma segunda vez sobre a melhor forma de chegar a Huellas de Acahualinca, novamente fui aconselhado a embarcar num táxi. Disseram-me que tanto o lugar em que me encontrava quanto o local aonde pretendia ir eram muito violentos; mesmo os moradores tinham medo de ser assaltados pelos vagabundos que infestavam as ruas da cidade.

Tantos avisos não podiam ser ignorados; teimosia tem limite. Decidido a pegar um táxi, parti então para uma nova batalha: encontrar um taxista que me levasse por um preço justo. Não queria escapar das mãos de um bando de assaltantes de rua e cair nas mãos de outro bando, os assaltantes motorizados, cuja única diferença é a sutileza do método empregado para enfiar as mãos em nossos bolsos.

Pegadas

Após muitas e muitas pechinchas com diversos motoristas, lá fui eu num velho carro norte-americano cuja marca e ano de fabricação eram impossíveis de descobrir. A lataria havia passado por tantas reformas que pouco restara do formato original. O motor, roncando e soltando fumaça, fazia um esforço extraordinário para seguir em frente; os estofamentos haviam sido substituídos por tapetes feitos por retalhos de velhos panos multicoloridos, predominando o vermelho e o verde. O único acessório funcionando a plenos pulmões era o rádio, tocando salsas e merengues para grande deleite do motorista.

— Gosta de música? — ele perguntou.

— Gosto — respondi. — Mas não tão alto.

Ele não entendeu, ou fez que não. Acompanhava o ritmo da música socando o volante, ora com uma das mãos, ora com a outra; às vezes, com as duas, tão concentrado que o táxi seguia como se estivéssemos numa pista de dança. Passamos pelo Estádio Nacional e entramos no subúrbio, cada esquina nos levando para lugares mais miseráveis.

Segunda economia mais pobre do hemisfério ocidental, à frente apenas do Haiti, e com 70 por cento da população vivendo abaixo da linha da pobreza, não admira que a Nicarágua, embora seja o maior país da América Central e um dos mais bonitos do mundo, tenha substituído a violência política pela insegurança das ruas.

A maioria da população trabalha apenas para alimentar-se, mesmo assim muitos *nicas* (como eles se autodenominam) não conseguem atingir esse objetivo. Estudos recentes constataram que mais de um terço do povo não ganha o suficiente para se alimentar decentemente e 20 por cento das crianças com menos de cinco anos de idade sofrem de fome crônica. Um em cada cinco nicaragüenses vive na capital, a maioria desempregado. As famílias são enormes, diversas gerações morando na mesma casa, um cenário perfeito para a desesperança e a violência.

Quando chegamos no sítio arqueológico o motorista aconselhou-me a tirar o relógio antes de descer. Perguntou-me se demoraria, pois eu corria o risco de ficar ali até o anoitecer e não aparecer outro carro; os taxistas dificilmente entram naquele bairro. Um pouco desconfiado — talvez ele quisesse apenas manter o cliente —, negociamos um adicional que julguei aceitável e combinamos que ele me esperaria, levando-me de volta ao albergue após a visita.

Isso provou ser uma grande idéia. O museu estava às moscas, o porteiro sequer tinha troco para minha nota de 50 córdobas, pouco mais de três dólares. Enquanto ele e o taxista resolviam o problema do dinheiro, caminhei solitariamente durante horas pelo pequeno lugar, dedicando-me muito mais a imaginar a dura vida das pessoas que deixaram aqueles rastros ao fugir do vulcão em erupção do que olhando o acervo do museu. Este, na verdade, se resumia às pegadas no fundo de uma vala protegida por um galpão de madeira e alguns painéis com informações desatualizadas nas paredes da casa. Em uma das escavações, numa das extremidades, sacos cheios de terra revelavam que nem o trabalho de limpeza, essencial para manter as pegadas à vista, havia sido concluído.

No ano anterior eu havia percorrido o mundo em busca dos vestígios pré-históricos de nossos ancestrais e nem mesmo nos miseráveis países africanos encontrara nossa herança tão mal protegida. Por certo a Nicarágua não estava recebendo as verbas que os pesquisadores das ricas universidades norte-americanas e européias costumam despejar nesses lugares, talvez os estudiosos estrangeiros nem fossem bem-vindos a Manágua.

Os gringos, de Fernando Cortez a George W. Bush, já exploraram tanto essa pobre gente que o peso desse passado alimenta a desconfiança atual e continua atrapalhando qualquer iniciativa de cooperação entre a Nicarágua e outros países, especialmente os de língua inglesa. E nem dá para criticá-los. Basta uma rápida olhada na história da América Central para constatar a política de exploração contínua que eles vêm enfrentando nos últimos séculos, desde que se "civilizaram".

Não bastasse isso, os desastres naturais também têm contribuído para o sofrimento dos nicaragüenses, sobretudo em Manágua. Seu centro colonial foi destruído por um terremoto em 1931. As casas restantes acabaram consumidas por um grande incêndio cinco anos mais tarde. Graças a um heróico esforço dos nicaragüenses, ajudados pela comunidade internacional, a capital foi totalmente reconstruída, apenas para ser novamente destruída, dessa vez por um terremoto ainda mais violento, em 1972.

Para evitar novas tragédias, por orientação dos geólogos Manágua foi reconstruída afastada de seu centro histórico, onde os prédios coloniais permanecem abandonados, muitos deles em escombros. A nova capital foi planejada de forma descentralizada, perdendo seu interesse histórico e transformando-se numa cidade de difícil acesso para os visitantes, tornando-se a capital menos atraente da América Central, como bem pude constatar ao voltar de táxi para o albergue.

Sandinistas

O único local que me interessava visitar, portanto, era a Loma de Tiscapa, o lado norte do cerro formado pelo vulcão Tiscapa, em cuja cratera havia uma charmosa laguna. A área, de onde se tinha uma vista de quase toda a cidade esparramada lá embaixo, hospedara o palácio presidencial, do qual a família Somoza durante décadas governou a Nicarágua como se fosse sua fazenda particular.

Eu fora levado ao topo do vulcão por duas atrações capazes de mexer com minha imaginação. A primeira era a possibilidade de fazer uma tirolesa sobre a laguna, pois um cabo de aço unia as duas bordas da cratera, dezenas de metros acima das águas lá embaixo, possibilitando um vôo maravilhoso, algo totalmente inédito para mim. Eu já fizera muitas tirolesas, especialmente nos cânions gaúchos, mas confesso: voar sobre a cratera de um vulcão deve ser uma das coisas mais emocionantes que se possa fazer.

Subi cheio de expectativas, embora me preocupasse a segurança — ou a falta de, mais precisamente — oferecida pelo sistema de cabos montado no local. O fato de não ser uma prática com atividade contínua — disseram-me que poucas pessoas já haviam se aventurado sobre o Tiscapa — era um ingrediente a mais no desafio. Pretendia, claro, examinar cuidadosamente todo o equipamento antes de qualquer decisão mais arrojada. O passeio me pareceu tão estimulante que desde o momento em que decidi fazê-lo já podia sentir meu sangue correndo mais quente pelas veias.

A outra atração na Loma de Tiscapa, outrora bem mais perigosa do que a atual tirolesa, era visitar uma enorme silhueta de Augusto Sandino, o líder rebelde nicaragüense que influenciou os movimentos de libertação de toda a América Central. Atualmente num parque histórico nacional, a imagem de Sandino, com dezenas de metros de altura e recortada em negro, pairava tanto sobre a cidade como já o fizera sobre a imaginação de grande parte da minha geração.

Quando irrompeu a revolta contra a ditadura somozista eu era estagiário no departamento de jornalismo da Farroupilha, uma das principais rádios de Porto Alegre, então pertencente aos Diários Associados. Como redator de notícias, acompanhei de perto os despachos das agências internacionais, especialmente as norte-americanas. O tratamento dado ao assunto pela mídia estrangeira foi uma das situações mais bizarras que já presenciei na minha vida de repórter.

Em um primeiro momento os sandinistas eram chamados de terroristas pela imprensa mundial. Quando o movimento começou a se espalhar pelo país, eles passaram a ser tratados por rebeldes. Semanas mais tarde os boletins classificavam os seguidores dos ideais de Augusto Sandino de guerrilheiros e, pouco antes da grande marcha vitoriosa sobre Manágua, em 1979, os noticiosos já os denominavam revolucionários.

Mas essa história começou bem antes.

O ouro que atraíra os espanhóis ao território nicaragüense não foi encontrado, mas Granada e León permaneceram ativas, e a maioria de seus moradores era descendente dos europeus. Eu havia passado recentemente pelas duas cidades e pude notar a maravilhosa arquitetura colonial preservada em seus prédios. Granada continua mais bonita, mas em León localiza-se a maior catedral do subcontinente centro-americano, guardando em seu interior a tumba do extraordinário poeta Rubén Darío, seu mais ilustre filho.

Naquela época, embora Granada fosse mais rica, por estar junto ao grande lago da Nicarágua, com saída fluvial para o Caribe, a coroa espanhola resolveu estabelecer a capital da província em León, astuciosamente dividindo a elite econômica e intelectual da colônia. Se uns ficaram com as idéias libertárias, outros ficaram com o dinheiro capaz de pô-las em prática.

A rivalidade entre a abastada e conservadora Granada e a pobre e progressista León levou as duas vilas a constantes conflitos, culminando numa sangrenta guerra civil. As hostilidades somente amainaram em 1857, quando a capital foi transferida para a neutra Manágua, geográfica e politicamente eqüidistante das duas cidades rivais.

Amainaram, mas não terminaram. León apoiou a revolução sandinista em sua primeira hora enquanto Granada foi a última cidade conquistada pelos guerrilheiros. Em termos políticos, leoneses e granadinos continuam em lados opostos. Se nas ruas de León pude apreciar gigantescos painéis louvando os seguidores de Augusto Sandino, em Granada fiquei com a impressão de que Daniel Ortega e seus comandados sequer passaram pela região.

A postura ideológica das duas cidades reflete com precisão o movimento que derrubou Anastásio Somoza, pois mesmo após semanas percorrendo a Nicarágua saí com a sensação de que a população ainda está confusa sobre os resultados trazidos pelo conflito que matou 50 mil pessoas, especialmente camponeses pobres e indígenas esquálidos.

— A revolução melhorou em muito a infra-estrutura do país — ouvi de um jovem em León.

— Os sandinistas se deixaram contaminar pela corrupção que tradicionalmente se instaura em regimes antidemocráticos — disse-me um comerciante em Granada.

William Walker

Com a independência da Nicarágua, em 1838, os nicaragüenses se livraram dos espanhóis, mas a triste sina das intervenções estrangeiras, que levaria à revolução sandinista, estava apenas começando. A maior praga a infestar a Nicarágua, ainda pior do que suas elites políticas corruptas, foram as constantes intervenções dos Estados Unidos, a mais bizarra delas partindo de um desmiolado aventureiro civil ianque.

Em 1853, William Walker, à frente de um pequeno exército mercenário, atacou o México, declarando a Baixa Califórnia e o estado de Sonora independentes. Autoproclamou-se presidente do novo país, mas o exército mexicano reagiu e ele foi expulso, fugindo para os Estados Unidos, onde foi acobertado pelo governo, chegando mesmo a gozar de certo prestígio na sociedade local.

Dois anos depois, os liberais de León o convidaram para ajudá-los a derrotar os conservadores de Granada, iludidos com as façanhas rocambolescas do desvairado homem. Walker entrou na Nicarágua com 56 seguidores, atacou Granada e se estabeleceu no poder, autonomeando-se presidente da Nicarágua. Antes de os leoneses se darem conta e apesar da ridícula situação, seu governo foi imediatamente reconhecido pelos Estados Unidos.

William Walker estabeleceu o inglês como língua oficial, embora ele provavelmente fosse um dos únicos no território a falar esse idioma. Pior: instituiu a escravidão, uma forma de agradar aos estados sulinos norte-americanos. Sua intenção era utilizar o povo escravo para a construção de um canal inter-oceânico através do lago da Nicarágua, um desejo que se mesclava às aspirações de Washington.

Com o objetivo de conquistar toda a América Central, Walker marchou para o sul. Embora a Costa Rica não tivesse um exército formal, o presidente Juan Mora Fernandez organizou nove mil civis. Os nativos derrotaram os mercenários norte-americanos e Walker se refugiou num forte em Granada, seu quartel-general.

Perseguido pelos descontentes nicaragüenses, a essa altura conscientes das ambições do maluco ianque, William Walker colocou fogo na cidade e fugiu para a vila de Rivas, onde finalmente foi derrotado. Resgatado por um navio da Marinha dos Estados Unidos, foi enviado de volta a seu país. Não apenas são e salvo, mas cheio de glórias, um missionário a serviço dos valores democráticos da grande nação do Norte.

Seis meses depois William Walker voltou a perturbar o cenário político da América Central. Liderando um novo grupo mercenário, aportou em Greytown (atual San Juan del Norte), uma possessão britânica na desembocadura do rio San Juan, fronteira entre Nicarágua e Costa Rica. Preso, foi novamente deportado para os Estados Unidos.

Mas Walker não desistiu de conquistar a América Central, e ainda contava com o apoio velado dos EUA. Em 1860, desembarcou perto de Trujillo, na costa caribenha de Honduras. Capturado por um navio britânico, foi entregue às autoridades hondurenhas, sendo julgado, condenado e fuzilado. Sua tumba continua no velho cemitério da cidade, um aviso permanente das constantes invasões dos Estados Unidos, cujos governos sempre consideraram a América Central um prolongamento de seu território.

Augusto Sandino

Os britânicos devolveram a costa do Caribe à Nicarágua, o país tomando então sua configuração geográfica atual. No final do século XIX, o general liberal José Santos Zelaya, que assumiu o poder num golpe de Estado, aproximou-se do Japão e da Alemanha na tentativa de construir o tão sonhado canal inter-oceânico, a mais antiga ambição dos povos da região.

A iniciativa ameaçava o monopólio do canal do Panamá, em construção pelos Estados Unidos, levando Washington a apoiar uma rebelião dos conservadores na Nicarágua. Depois de mandar executar dois mercenários norte-americanos, acusados de apoiar seus adversários políticos, o general-presidente foi obrigado a renunciar.

Em 1909, foi a vez de os conservadores sentirem a força dos Estados Unidos: a Nicarágua foi invadida por 2.500 fuzileiros navais, e nas duas décadas seguintes o país passou a ser governado pelos norte-americanos por intermédio de políticos locais subservientes aos interesses ianques na região.

Washington assegurou o direito de estabelecer bases militares e a exclusividade na abertura do tal canal, embora não tivesse intenção de construí-lo — queriam apenas impedir que outros o fizessem. A presença dos militares norte-americanos na vida nicaragüense foi tão intensa que até hoje o beisebol é o esporte mais popular no país.

No início dos anos 1930, liderados por Augusto Sandino, um grupo de liberais se revoltou contra a presença norte-americana na

Nicarágua, dando início a um movimento que se espalhou por toda a América Latina. Os fuzileiros foram forçados a voltar para os Estados Unidos, mas deixaram em seu lugar uma bem treinada Guarda Nacional. Comandada por Anastásio Somoza García, a nova força militar partiu para o enfrentamento dos guerrilheiros liderados por Augusto Sandino.

Em 1934, instigado pelos fuzileiros navais, Somoza convidou Sandino para uma reunião em Manágua com o objetivo de estabelecerem um tratado de paz entre a guerrilha e a Guarda Nacional, instaurando um regime democrático no país. Sandino desceu de seu refúgio nas montanhas e foi ao encontro convocado pelo governo. Após o jantar, Augusto Sandino e seu irmão Sócrates foram levados ao aeroporto de Manágua e assassinados pela Guarda Nacional.

Anastásio Somoza

Dois anos depois desse episódio, Somoza deu um golpe de Estado e assumiu o poder, dando início a uma das mais cruéis ditaduras latino-americanas. Durante mais de quatro décadas sua família governou o país como se ele fosse uma extensão de suas propriedades. Enquanto a população mergulhava cada vez mais na miséria, as terras dos Somoza chegaram a alcançar o tamanho de El Salvador, o país vizinho.

Apoiado pelos Estados Unidos, Somoza retribuiu à altura. O território nicaragüense serviu de apoio para a CIA praticar suas atividades terroristas na América Central, desde a intervenção na Guatemala até a invasão de Cuba em 1961. O presidente norte-americano Franklin Roosevelt costumava defendê-lo alegando que Somoza podia ser um filho-da-puta, mas dizia que pelo menos ele "é o nosso filho-da-puta".

Quando Anastásio Somoza García morreu, assassinado em León, foi sucedido pelo filho mais velho, Luis Somoza. Com a morte deste, em 1967, seu irmão mais novo, Anastásio Somoza, tornou-se o ditador, e o inferno piorou. O povo da Nicarágua enfrentaria, nos anos seguintes, o maior flagelo de sua história.

A ditadura de Anastásio Somoza foi tão cruel que ele passou a integrar uma galeria de personagens infames conhecidos como "As sete pragas da América Central", juntamente ao general-ditador guatemalteco Efraín Rios Montt (conhecido por mandar assassinar seu povo para livrá-lo do comunismo), os espanhóis Pedro Arias de Ávila — o bispo-assassino que fundou a Cidade do Panamá (mandava prender os índios que aparecessem no povoado, queimava-os vivos e alimentava seus cães com os despojos) —, Pedro de Alvarado (oficial de Cortez que mandou queimar vivos os prisioneiros maias na Guatemala), Alonso de Cáceres (militar que convidou o líder indígena hondurenho Lempira para um acordo de paz e o assassinou traiçoeiramente), e os norte-americanos William Walker e Ronald Reagan, o presidente que quebrou os próprios recordes dos Estados Unidos em intervenções estrangeiras.

Em 1972, um violento terremoto destruiu Manágua, arrasando 250 quadras, matando seis mil pessoas e deixando outras 300 mil desabrigadas. Enquanto homens, mulheres e crianças feridas morriam abandonados pelas ruas da cidade, toda a ajuda humanitária internacional que chegou na Nicarágua foi diretamente para as contas bancárias da família Somoza, cada vez mais rica.

Havia muito descontente com a ditadura, o ex-líder estudantil Carlos Fonseca Amador uniu-se ao ex-companheiro de guerrilha de Augusto Sandino, o coronel Santos López. Juntamente com outros ativistas, fundaram a Frente Sandinista de Libertação Nacional, um movimento armado para lutar contra Somoza. Um pouco mais tarde, liderados pelo jornalista Pedro Joaquim Chamorro, dono do jornal *La Prensa*, foi criada a União Democrática de Libertação, movimento que uniu os grupos políticos moderados.

A oposição se uniu e criou a Frente Ampla Opositora, cujo objetivo era negociar a saída de Somoza do governo. Mas a resposta somozista foi arrasadora: Carlos Fonseca, Pedro Chamorro e milhares de outros oposicionistas foram cruelmente assassinados. O terror político tomou conta da nação, o povo era morto nas ruas sem motivos aparentes. Bastava alguém ser suspeito de se insurgir contra o governo para ser preso, torturado e assassinado.

Guerra civil

Ficou claro para todo o país que somente a FSLN teria poder suficiente para desalojar a ditadura. Apoiados por todos os nicaragüenses fora do círculo do poder somozista, os sandinistas lideraram a luta. A guerra civil só acabou em 1979, com a vitória da FSLN e a fuga de Somoza para o Paraguai. Mesmo protegido pelo ditador local, Alfredo Strossner, poucos meses após sua chegada a Assunção Anastásio Somoza foi assassinado por agentes sandinistas quando seu carro blindado foi aos ares atingido por um tiro de bazuca.

Em Porto Alegre, a notícia nos fez soltar rojões na redação da rádio Farroupilha. Na época, a forma avassaladora como noticiávamos a cruel ditadura nicaragüense respingava na ditadura brasileira, então comandada pelo general João Figueiredo. A censura prévia à imprensa havia muito acabara no Brasil, vivíamos um momento de distensão política, a democracia se avizinhava a passos largos.

A pressão sobre a mídia havia se tornado mais sutil, mas não acabara. Um dia recebemos na redação um comunicado do Gabinete de Imprensa da Presidência da República solicitando que o general Figueiredo, como o retratávamos no noticiário, passasse a ser chamado de presidente João. Para manter a simpatia das populações rurais, criaram até um *slogan*: "Plante que o João garante."

Mesmo assim, um tal Carlitos, o editor dos noticiários da noite, nos quais eu trabalhava como redator, temia criticar o governo brasileiro, impondo-nos uma autocensura covardemente ridícula. Ele era afilhado político de um deputado da Arena, a quem devia sua transferência de uma rádio do interior gaúcho para Porto Alegre, onde seguia a cartilha arenista da bajulação e da subserviência. Além disso, o jornalismo da Farroupilha era comandado por Flávio Alcaraz Gómez, um radialista identificado com o "milagre brasileiro".

O poder exercido por eles sobre os estagiários na pequena e insalubre redação instalada num prédio em escombros no morro Santa Teresa levava-os ao êxtase! E nós respondíamos colocando no ar os boletins das agências de notícias dando conta da precisão cirúrgica com que os sandinistas acabaram com Somoza, atingindo apenas o carro em que ele estava em meio ao movimentado trânsito de Assunção.

Não podendo bloquear as informações, o governo sandinista já havia sido reconhecido pelos Estados Unidos, até recebera ajuda econômica de Jimmy Carter, e a mídia internacional lhe era simpática, nosso editor aporrinhava alegando que os nicaragüenses não tinham capacidade para tal ato, a operação devia ter sido realizada pelos integrantes do IRA — o Exército Republicano Irlandês era reconhecido por seu talento em explodir carros pelas ruas de Londres.

Não nos importávamos com as ironias dele, tínhamos um ditador a menos no continente, e isso nos bastava. Entrincheirados na guerrilha surda que se travava na redação da rádio em Porto Alegre, como acontecia em todas as redações no Brasil, passamos a dar visibilidade ao comandante sandinista Daniel Ortega, novo presidente da Nicarágua. Ele merecia. Mesmo eleito com 63 por cento dos votos, Ortega teria muitas dificuldades para consolidar a revolução nos próximos anos.

Era preciso deixar o homem trabalhar.

O governo sandinista fez uma ampla reforma agrária, distribuindo as terras da família Somoza a pequenos agricultores unidos em cooperativas. Mesmo na zona rural, o trabalho das mulheres passou a ser valorizado e elas deixaram de ser consideradas apenas donas de casa. O analfabetismo caiu de 50 por cento da população para 13 por cento; a taxa de mortalidade infantil foi reduzida a um terço e a pólio acabou erradicada com uma campanha massificada de vacinação. Novas estradas foram abertas, além de serem feitos investimentos em energia e telecomunicações.

Tudo estava transcorrendo muito bem até o eleitorado norte-americano colocar um republicano na presidência dos Estados Unidos. Ronald Reagan, descontente com a aproximação da Nicarágua com a Rússia e Cuba, entrou em ação tão logo assumiu o governo. Ele não só cortou a ajuda financeira dada para a recuperação do país, como passou a financiar os Contras, uma milícia formada por 15 mil ex-integrantes da Guarda Nacional somozista agora lutando para destituir o novo governo.

A atuação norte-americana foi tão descarada que até a Corte Internacional de Justiça condenou a CIA por minar os portos nicaragüenses, uma atitude desesperada dos Estados Unidos para estrangular a economia do país. Em Honduras, os Contras se preparavam para invadir a Nicarágua. A pressão foi tamanha que o próprio jornal *La Prensa*, ainda em poder da família Chamorro, passou a receber dinheiro da CIA para publicar artigos contra-revolucionários.

Como de costume, o governo norte-americano impôs um embargo comercial ao país, pressionando outras nações a fazer o mesmo. Cinco anos depois, a economia nicaragüense entrou em colapso. O regime endureceu, medidas antidemocráticas foram tomadas para abafar a oposição, escândalos começaram a minar o governo e os sandinistas perderam o apoio popular.

Caso Irã-Contras

Em 1985, quando o Congresso dos Estados Unidos rejeitou o pedido para que mais dinheiro fosse enviado aos Contras, a CIA mais uma vez entrou em ação. Agindo ilegalmente, a agência vendia armas superfaturadas ao Irã, então sob o comando do xá Reza Pahlevi, e com o excesso do dinheiro financiava a luta armada contra Daniel Ortega. Descoberta, a trama ficou conhecida na imprensa internacional como o caso Irã-Contras, envergonhando o mundo civilizado.

Menos Washington, é claro.

Enquanto isso, todas as negociações de paz na região eram manobradas pelo governo de Ronald Reagan para que não obtivessem sucesso. Quando ficou claro que o Congresso norte-americano aprovaria mais dinheiro para financiar os Contras, Daniel Ortega convocou novas eleições, esperando uma forte reação popular em apoio a seu governo.

Violeta Barrios de Chamorro, a viúva de Pedro Joaquim Chamorro, o jornalista dono do *La Prensa*, revolucionário assassinado por Anastásio Somoza, candidatou-se à frente de uma coligação formada por 14 partidos, tradicionais opositores dos sandinistas. A disputa pelo poder na miserável Nicarágua passou a ser bem ao gosto da diplomacia norte-americana: subornos, traições e toda sorte de vilanias.

Iludido por uma grande campanha financiada pela CIA e a promessa da suspensão do embargo norte-americano, caso a oposição vencesse as eleições, o povo deu a Violeta Chamorro 55 por cento dos votos, derrotando os sandinistas também na Assembléia Nacional. Ao contrário do prometido pela CIA na campanha eleitoral, a economia não cresceu, o desemprego aumentou e tudo voltou à estaca zero na pobre Nicarágua.

Mas pelo menos, dizia-se nas altas rodas, até mesmo em Brasília, o povo nicaragüense estava livre do comunismo — as criancinhas em Manágua não corriam mais o risco de serem comidas vivas.

O presidente seguinte, Arnoldo Alemán, acabou preso por corrupção, acusado de enriquecimento ilícito. A FSLN, que havia feito um pacto com Alemán, saiu chamuscada do episódio, perdendo sua aura de combatente da corrupção. Procurando diluir sua imagem de radical, em 2001 Daniel Ortega se apresentou ao eleitorado como o candidato "paz e amor".

Apoiado pelos Estados Unidos, que voltaram a ameaçar a Nicarágua caso Daniel Ortega ganhasse a nova eleição, o povo deu a vitória a Enrique Bolaños, ex-prefeito de Manágua. Embora tivesse vencido por uma pequena margem, Bolaños se vingou dos sandinistas, pois anos antes eles haviam confiscado suas terras e, em especial, de Daniel Ortega, que o prendera quando era presidente.

Novos tempos

Não estou mais numa redação, há muito deixei de acompanhar o noticiário dia a dia, mas não perdi o entusiasmo pela luta desse povo em busca de uma vida mais digna. Assim, mesmo a distância, não posso negar que fiquei contente quando finalmente Daniel Ortega, depois de perder três eleições consecutivas, venceu novamente o pleito em 2006, um pequeno descuido dos Estados Unidos, na ocasião mais preocupados com o Iraque.

Acompanhei parte da campanha eleitoral, promovida enquanto permaneci na Nicarágua durante esta viagem, e notei uma nova chama de esperança no eleitorado, sobretudo nas pequenas comunidades do interior.

Ao assumir a presidência, em janeiro de 2007, o Comandante prometeu pôr em prática sua política de "paz e amor". Espero que ele consiga, os nicaragüenses merecem, mas não vai ser fácil. País menos povoado da América Central, com uma população formada por 76 por cento de mestiços, a rica mescla que resultou da miscigenação entre espanhóis e povos indígenas, concentra 72 por cento da população com menos de 30 anos de idade.

A grande ambição do povo, notável em todas as conversas, tanto em Manágua como no interior, é tornar-se um centro turístico como a vizinha Costa Rica, a nação mais desenvolvida da América Central. Baseado no ecoturismo, os *ticos*, como se autodenominam os costarriquenhos, estão enriquecendo com a exploração das belezas naturais do país, predicado no qual a Nicarágua não fica para trás.

Um exemplo dessa riqueza é o vulcão Tiscapa, em cuja cratera está a charmosa laguna. Cruzá-la numa tirolesa, deslizando preso a um cabo de aço apoiado nas bordas do vulcão, já é motivo suficiente para os amantes dos esportes radicais viajarem para Manágua.

Mas como a Nicarágua ainda não recebe tantos turistas como gostaria, a exemplo dos vizinhos costarriquenhos, o lugar, embora com todos os equipamentos necessários, exceto a cadeirinha, estava abandonado, não havia um único funcionário pelas redondezas. O guarda encarregado do parque, muito prestativo como todos os nicaragüenses, me informou que precisaria ir não sei bem aonde, contatar não sei bem quem e marcar a tirolesa para não sei que dia da semana.

Agradeci as informações ao esclarecido rapaz e expliquei que então ficaria para quando eu voltasse a Manágua, não sei bem quando.

Ônibus

Meu ônibus sairia às cinco da madrugada, mas na garagem da empresa me informaram que eu deveria estar no local duas horas antes. Comentei que isso era um absurdo, assim eu não passaria a noite no albergue nem no ônibus, mas pagaria os dois. A explicação foi que costumeiramente os passageiros se atrasam. Por isso, marcam a apresentação com tanta antecedência.

— Não pretendo me atrasar, posso chegar 15 minutos antes da partida, assumo a responsabilidade — argumentei.

— O senhor precisa reservar o assento e isso só faremos amanhã, na hora do embarque — explicou-me o funcionário da Tica Bus. — Se o senhor não estiver aqui a tempo, poderá ficar sem viajar.

— Entendi — falei, resignado.

Era uma bela artimanha para obrigar os passageiros a chegar bem antes do horário. A acomodação das bagagens também era demorada, como pude observar no dia seguinte: todos viajavam com muitas malas. Reclamei também do horário, que era bem desconfortável, pois precisaria acordar alta madrugada. Tínhamos apenas 393 quilômetros até Tegucigalpa, capital de Honduras, para onde viajaria, e não precisávamos partir tão cedo. Pouco adiantariam minhas perguntas, mas pelo menos ficaria sabendo os motivos de tão estranhos hábitos.

— A estrada é ruim e muito montanhosa, a viagem será demorada — explicou-me o bilheteiro. — Além do mais — ele disse —, os trâmites burocráticos na fronteira são bem lentos.

Isso era verdade, eu bem sabia. Seria bom também chegar cedo, sempre se tem mais tempo para encontrar uma boa acomodação dentro do orçamento. Tegucigalpa é uma cidade muito grande numa área coberta por montanhas e vales, e eu tinha apenas uma referência de albergue. O ônibus continuaria a viagem, pois Tegucigalpa era uma parada intermediária, e eu provavelmente teria de desembarcar na entrada da capital ou em algum arrabalde distante do centro.

Temendo perder o horário e precisar ficar mais tempo em Manágua, onde quase nada me atraíra, ao contrário do fabuloso interior do país, pedi à dona do albergue para me acordar às 2h45. Prevenido, programei meu despertador para cinco minutos depois. Caso ela não me chamasse, eu teria uma segunda chance. Mas nem foi preciso: às duas e meia eu já estava de pé, esperando-a abrir o portão.

A Casa Vanegas ficava a poucos metros da garagem, mesmo assim ela me pediu cautela. Enquanto caminhava pela rua deserta, com os olhos bem abertos — para não dizer arregalados —, a senhora ficou me observando da calçada, uma atitude muito simpática. Ela e todas as pessoas que encontrei haviam sido gentis e prestativas durante meus poucos dias em Manágua, longe da animosidade de que tanto me falaram.

Os perigos eram os mesmos de qualquer cidade grande, talvez como em Porto Alegre, por isso acabei atribuindo o excesso de zelo para com os visitantes mais à generosa hospitalidade dos nicas do que à real possibilidade de ser assaltado. Mesmo assim, quando pisei no escritório da empresa senti certo alívio, embora essa seja uma situação comum para mim. Por algum motivo estranho, senti muito medo nas ruas de Manágua.

Cruzamos a esparramada periferia da capital sob as luzes amareladas da escassa iluminação pública, seus habitantes aos poucos despertando, os trabalhadores sonolentos migrando em direção às zonas centrais em ônibus urbanos cada vez mais lotados. Não gosto de dormir quando viajo, perco o melhor da paisagem desfilando pela janela, mas a noite maldormida me fez tirar uma boa soneca enquanto o sol não trazia a quente luz do amanhecer tropical.

Interior

Despertei quando entramos no vale Sébaco, terra dos Chorotega, uma poderosa comunidade indígena pré-colombiana.

— Nas proximidades da lagoa Tecomapa ainda existem as ruínas de um importante centro cerimonial dedicado a Cihua Coalt (Mulher serpente), a deusa da Terra e da Humanidade — explicou-me Nestor, meu vizinho de poltrona, um antropólogo argentino fazendo pesquisas na América Central.

Passamos por Estelí, com quase 90 mil habitantes, a maior cidade entre Manágua e Tegucigalpa, no centro de uma região rica em agricultura e pecuária. Palco de intensa luta entre sandinistas e Contras, ela acabou, juntamente com León, se transformando numa poderosa base para os soldados da FSLN, até hoje identificada com os seguidores do comandante Daniel Ortega.

A chegada de um grande número de internacionalistas, voluntários estrangeiros encarregados de reconstruí-la sobre as ruínas da guerra, fez dela um importante centro de estudos da língua espanhola na Nicarágua, com várias e ótimas escolas ainda hoje repletas de estudantes europeus e norte-americanos. Além das aulas tradicionais, os estudantes participam da vida diária da comunidade, uma técnica para assimilar em menos tempo as necessidades práticas do idioma.

Estávamos numa região acidentada, formada por vales agrícolas e montanhas cobertas por florestas envoltas em densos nevoeiros, o que tornava a estrada lenta e perigosa. Não bastasse a destruição provocada pela guerra civil, passou pela região, em 1998, o furação Mitch, deixando atrás de si rios transbordando, encostas desmoronando e muitas pontes e casas levadas pela enxurrada, uma calamidade devastadora.

A nordeste localiza-se uma área inóspita e despovoada, ainda coberta com as minas terrestres deixadas pelos Contras. Estendendo-se até a fronteira com Honduras e a Região Autônoma do Atlântico Norte, o amplo território encontra-se sob o domínio de bandidos armados, onde nem o Exército Nacional ousa interferir.

O território nicaragüense é muito extenso e parte dele continua totalmente selvagem, especialmente nessa região. Talvez ainda fosse possível encontrar nessas selvas vilarejos com suas culturas tradicionais, mas a violência não permite a entrada de estranhos nessas áreas, privando-nos de novas descobertas.

— Lamentável — dizia Nestor, sempre reclamando de alguma coisa.

O argentino estava contrariado, pude notar, mas não quis entrar em detalhes. Eu estava preocupado com a estrada, viajávamos quase sem ver a pista por causa da cerração. Mesmo assim, ignorando os perigos, especialmente desaconselháveis à presença de estrangeiros, nosso ônibus seguiu em frente, em sentido norte, até Ocotal, pequena cidade ao pé da *Sierra* de Dipilto, a mais alta cadeia montanhosa da Nicarágua.

Paramos num grande *comedoro* para matar a fome, que já fazia meu estômago roncar. Saboreei um gostoso *gallo pinto*, o típico desjejum nicaragüense: um generoso prato de arroz misturado com feijão e ovos mexidos, plátano (uma variedade que se pode comer verde ou madura, mas que, ao contrário da banana comum, deve ser cozida, normalmente frita) e café com leite. Além do agradável sabor, tão comum ao gosto brasileiro, trata-se da comida mais barata do país, largamente consumida pelos nicas mais pobres, principalmente nas pequenas comunidades do interior. Nestor preferiu um sanduíche, não estava bem do estômago.

Em razão do preço popular, o *gallo pinto* também é amplamente requisitado pelos mochileiros estrangeiros, tanto no almoço como no jantar. Em alguns lugares, em vez dos tradicionais ovos de galinha, oferecem *huevos de paslama* (ovos de tartaruga). Por se tratar de um animal em extinção, a iguaria costuma ser rejeitada pelos visitantes, seu consumo resumindo-se aos moradores locais.

— Isso é um absurdo — disse-me Nestor, referindo-se ao prazer com que os nicas comiam os ovos de tartaruga.

Fronteira

Retomamos a viagem e uma hora depois chegamos em Las Manos, na fronteira com Honduras, onde descemos do ônibus e nos preparamos para a burocrática e morosa troca de país.

Não bastasse a demora provocada pelo terreno montanhoso da região, ficamos horas retidos na fronteira, um pouco em cada lado. Pela primeira vez vi revistarem todas as bagagens de todas as pessoas na saída de um país. Além disso, sortearam dois passageiros para uma operação pente-fino: Nestor e eu, claro.

— Será alguma forma de discriminação contra nós? — perguntou-me o argentino.

— Não creio — respondi.

— Na fronteira, quando entrei no Panamá — ele começou a contar, tínhamos muito tempo — vindo da Colômbia, o guarda me disse que não gostavam de argentinos; ele pensaria se me deixaria entrar.

— Pelo jeito deixou — falei. Ele já estava ficando exaltado, isso poderia complicar as coisas.

— Deixou, mas implicou com minhas botinas militares — explicou-me, mostrando-me seus coturnos. — Achou que eu estivesse dando alguma orientação aos guerrilheiros colombianos.

— Acho que fomos *sorteados* porque somos da parte sul da América do Sul, dominada pelo tráfico de drogas — desconversei.

— Ou então nos acham ricos e querem nos tomar dinheiro — ele insistiu.

Chamaram e lá fui eu, entrando numa saleta com dois policiais armados. Eu estava preocupado com meu *notebook;* poderiam complicar minha vida ou, no mínimo, exigir algum dinheiro — talvez o argentino tivesse razão. Como prevenção, junto ao passaporte entreguei minha carteira de jornalista internacional e expliquei estar no país trabalhando.

— Carrega dinheiro? — perguntou o primeiro policial.

— Sim, umas poucas notas para alguma emergência, prefiro sacar dinheiro diretamente nos países visitados — expliquei.

— Onde carrega o dinheiro? — ele insistiu.

— Algumas notas na mochila, algumas notas nos bolsos da camisa, algumas notas nos bolsos das calças... Por aí.

— Podemos ver? — perguntou o segundo policial.

— Sim — respondi, e fui mostrando, um pouco constrangido, um punhado de dólares.

— Tem muito dinheiro — disse o primeiro policial.

— Não é muito não — falei, com toda calma. — Distribuindo assim, caso eu seja assaltado não me levam tudo. São muitas notas, mas todas de pequeno valor.

— Se está sobrando dinheiro — disse o segundo policial —, pode deixar um pouco conosco.

— Não, não está sobrando! — falei, quase ríspido. Sei lidar com essa gente. Ou, pelo menos, imagino que sim.

O segundo policial ainda voltou a perguntar se eu tinha mais dinheiro, ao qual respondi com o mesmo tom de voz:

— Não!

Eles se entreolharam, devolveram-me os documentos e me mandaram embora, sequer pediram para ver as mochilas. Agiram de igual maneira com Nestor, talvez o argentino tivesse razão.

— Só queriam nos roubar — ele comentou mais tarde, já no ônibus. — Como não demonstramos medo, nada fizeram.

Pode ser, mas ainda prefiro achar que não, estavam apenas fazendo o trabalho deles. Assim como os alfandegários no lado hondurenho, onde novamente todas as bagagens foram revistadas, dessa vez sem ameaças veladas.

Os países normalmente são mais cuidadosos na entrada do que na saída de suas fronteiras, quem está indo embora não será mais problema. Mas notei que os policiais do lado de Honduras foram bem menos minuciosos. Na verdade, a revista foi apenas um grande faz-de-conta, os aduaneiros estavam mais preocupados com o almoço do que em descobrir algo ilegal na bagagem de alguém.

— Melhor assim — comentou Nestor.

Cumpridos os trâmites legais, fui até um mercadinho em frente à aduana, ainda no lado nicaragüense, e comprei um litro de rum. Caso não encontrasse o Flor de Caña em Honduras, já estava prevenido.

Honduras

Mundo Maia

Nestor queria saber sobre minha viagem para Honduras, quais motivos me levavam a Tegucigalpa. Expliquei-lhe que pretendia iniciar minha jornada exploratória pelo Mundo Maia exatamente nesse país, onde se localiza uma das cidades mais impressionantes entre as ruínas encontradas pelos arqueólogos, motivo de grande espanto na Europa e nos Estados Unidos.

Naquela época — e isso ocorre ainda hoje — ninguém imaginava que nas selvas tropicais do que se pensava fosse uma pequena ilha houvesse uma civilização tão adiantada, capaz de ofuscar, em beleza e esplendor, a maioria dos países do Velho Continente. Além da magnitude dos prédios construídos pelos nativos, espantava também o fato de já estarem em ruínas, significando que o desenvolvimento artístico e tecnológico que eles começavam a presenciar havia se dado em tempos bem anteriores, época em que a Europa vivia mergulhada na mediocridade histórica da sua Idade Média.

— Os maias — expliquei-lhe — não formavam uma única nação como em geral se pensa. Eram diversos povoados espalhados pelo norte da América Central e sul do México, em particular na atual Guatemala. Eles tinham instituições, língua, religião e traços culturais em comum, mas nem sua origem é bem definida. Viviam em cidades-estado, a maioria delas inimigas entre si, um dos motivos da ascensão dessa civilização, pela competição, mas também de sua destruição, pela guerra.

— Quando a região recebeu seus primeiros habitantes? — perguntou Nestor.

— Caçadores-coletores nômades devem ter passado pelo istmo centro-americano há mais de 12 mil anos, quando migraram da América do Norte para a América do Sul. Existem pinturas rupestres na Amazônia brasileira com mais de 11 mil anos.

— E os maias, quando surgiram?

— Segundo o calendário maia, o mundo existe desde sempre, mas ele está dividido em eras bem definidas, sendo que a atual surgiu em 3114 a.C.

— E o que existia antes? O Big Bang? — ironizou o argentino.

— A cerâmica já era trabalhada na América Central bem antes do aparecimento dos maias como uma civilização culturalmente identificada. Imagina-se que por volta de 1800 a.C. a cerâmica tenha sido inventada, ou introduzida, na Mesoamérica pelos povos nômades vindos do Norte.

— E o Mundo Maia, quando começou pra valer? Não do ponto de vista dos deuses maias, mas da arqueologia.

— Os estudiosos classificam o Mundo Maia em períodos bem definidos: até 2000 a.C. — período arcaico, quando ainda não existiam vestígios de uma cultura organizada —, eles viviam esparsos na floresta, como ainda hoje vivem os povos indígenas no noroeste da Amazônia brasileira.

— Ainda não conheciam a cerâmica?

— Não, não conheciam. De 2000 a.C. a 250 d.C., tivemos o período pré-clássico. Este foi subdividido, sendo de 2000 a.C. a 800 a.C. — período primitivo pré-clássico. Nessa época surgiu a cerâmica maia.

— Existem provas físicas disso ou é mais um chute dos caras que defendem os maias?

— Existem provas, sim. Há um sítio arqueológico maia em Belize cuja cerâmica deve ter sido feita mil anos antes de Cristo.

— Impressionante mesmo.

— Bem, continuando: de 800 a.C. a 300 a.C., temos o período médio pré-clássico. Nessa época surgiram os edifícios. Existe uma pirâmide em Tikal, na Guatemala, cuja construção começou por volta do ano 700 a.C. E de 300 a.C. a 250 d.C. — período pré-clássico tardio. Os primeiros assentamentos em Palenque, no México, se iniciaram no ano 100 a.C.

— Então os maias já tinham cidades na época em que Jesus passeava pelas ruas de Jerusalém — exclamou Nestor, espantado.

— Sim, mas o apogeu da civilização maia se deu já na era cristã.

— Na nossa era, então — admirou-se Nestor.

— Na nossa era — respondi.

— Em que época?

— Veja: de 250 d.C. a 900 d.C. temos o período clássico.

— O apogeu dos maias.

— Exato. Ele também foi subdividido para melhor ser estudado. De 250 d.C. a 625 d.C. é o clássico primitivo, quando surgem os primeiros reis e as grandes cidades — chegaram a existir quarenta delas, uma população total estimada em 14 milhões de habitantes —, entre as quais Copán, aqui em Honduras, por onde vou começar minhas pesquisas arqueológicas.

— Copán fica na fronteira com a Guatemala, certo?

— Certo. De 625 d.C. a 800 d.C., tivemos o clássico florescente, quando Copán viveu seu auge. Nela havia pirâmides, templos, praças, palácios e quadras esportivas. O estádio de futebol foi inaugurado em 731.

— Então os caras jogavam futebol naquele tempo — observou o argentino.

— Sim, mas não chegavam a ser um Pelé.

— Muito menos um Maradona — exclamou Nestor.

— De 800 d.C. a 900 d.C., entramos no período clássico tardio, época em que começa o declínio dos maias, especialmente na parte sul do território, na atual Guatemala, onde a população da região do El Petén encolheu 90 por cento. As grandes dinastias entram em decadência, palácios são incendiados e cessam as construções monumentais. Aos poucos as cidades vão sendo abandonadas, como a grande Palenque.

— Foi o fim dos maias?

— Ainda não, mas o declínio foi rápido. De 900 d.C. a 1500 d.C. — no período pós-clássico —, Chichén Itzá, no México, também foi abandonada. No sul do território a população reduziu-se para alguns milhares.

— Como estava a situação quando os espanhóis chegaram?

— O grande império não existia mais, a população vivia esparsa pelas florestas. Quando Cristóvão Colombo teve contato com uma canoa de comerciantes que se identificaram como *mayan*, as grandes cidades já haviam sido engolidas pela selva, menos de 30 mil pessoas sobreviviam no território.

— Interessante.

— As pequenas aldeias remanescentes foram rapidamente dizimadas por Fernando Cortez e seus asseclas, e o orgulho maia desapareceu para sempre. Em uma única batalha, em 1526, os espanhóis mataram mais de mil guerreiros e tomaram o Yucatán, no México atual.

— Bem, pelo menos se eles sabem quando surgiu a presente era então devem saber quando terminará — concluiu Nestor.

— Sabem — respondi, oferecendo-lhe um trago de rum.

A conversa estava boa, mas deixara-me com a garganta seca.

— Eles sabem quando o mundo vai terminar? — perguntou o argentino, segurando a garrafa na mão enquanto esperava pela minha resposta.

Fiquei calado, esperando pela reação dele: queria ver se estava mais interessado no *meu* rum ou em saber quando o mundo terminaria. Ele ficou parado, curioso, com a garrafa no ar. Flor de Caña, sete anos, envelhecido em barris de carvalho. Custara-me uma nota.

— De acordo com o calendário maia, o mundo vai terminar no próximo ano 2012 — respondi, por fim.

— *Bueno* — ele disse, com um suspiro. — Então ainda dá tempo para tomar um trago.

Tomou e me devolveu a garrafa, ainda pensativo. Por um tempo fiquei com ela na mão, olhando o tamanho do meu prejuízo. Flor de Caña, sete anos. O castelhano era bom de goela, dava para notar. Estava com sede, o maldito.

— Por que a civilização maia entrou em colapso? — ele me perguntou, por fim.

— Bem — respondi-lhe —, essa é a principal resposta que busco nesta jornada.

— Você já tem alguma idéia?

— As intensas pesquisas científicas realizadas nas últimas décadas, especialmente amparadas em modernas técnicas arqueológicas, estão trazendo novas informações sobre o ocorrido na região na época dos maias, porém ainda existe muita controvérsia sobre o assunto. O certo, sem sombra de dúvidas, é que um colapso ambiental está entre as causas dessa monumental tragédia.

— Um alerta para o mundo de hoje — completou Nestor.

— Sim, mas isso não pode ficar só no *achismo*, são necessários dados técnicos precisos para se escrever sobre um tema tão instigante. Por isso, além da ampla pesquisa bibliográfica feita antes de começar esta reportagem, quero munir-me também das informações locais, sobretudo as colhidas através das minhas observações.

— Isso significa que você vai visitar todos esses lugares?

— Pretendo.

— Mesmo as cidades que estão no meio da selva, abandonadas?

— Mesmo essas, pois são as mais interessantes.

— Até nas selvas montanhosas de Chiapas, no México?

— Sim.

— E você vai conseguir licença dos zapatistas para entrar no território controlado por eles?

— Espero que sim, embora eu saiba quanto isso vai ser difícil e perigoso. Mas faz parte do jornalismo investigativo e eu não abro mão da técnica de visitar pessoalmente os lugares citados em minhas reportagens. Além do mais, já tenho uma boa experiência com esse tipo de dificuldade.

— Espero que sim — ele disse, fazendo um gesto para eu lhe passar a garrafa de rum.

Não pude fazer nada, meu Flor de Caña estava se indo. Sete anos.

— Mais uma coisa — eu disse.

— Sim — ele respondeu, devolvendo-me a garrafa.

Ufa!

— O povo maia — continuei, tão logo guardei minha Flor de Caña na mochila — não desapareceu; ele ainda vive por aí, em especial na Guatemala. O que desapareceu foi sua poderosa civilização.

A conversa estava boa, mas o ônibus entrou no subúrbio de Tegucigalpa, uma gigantesca cidade construída inicialmente em um belo vale. Com o tempo, porém, ela foi inchando, alastrando-se pelas montanhas ao redor, uma paisagem urbana feia e desagradável ao olhar deste estrangeiro, por si só já reticente às grandes aglomerações urbanas.

Definitivamente, pensei, prefiro as pequenas comunidades do interior.

Honduras

Cristóvão Colombo, em sua quarta e última viagem para o Novo Mundo, aportou no continente perto da atual cidade de Trujillo, em Honduras, no dia 14 de agosto de 1502. Em virtude das profundas águas daquela área do Caribe, ele deu ao lugar o nome de Honduras (profundo, em espanhol).

Fundada em 1525, Trujillo foi capital da colônia até 1537, quando a sede do governo colonial se transferiu para Comayagua, no centro do território, junto aos interesses espanhóis. Enquanto eles se voltaram para colonizar os férteis vales entre as terras montanhosas, os ingleses foram se apossando do litoral e das ilhas do Caribe, a pirataria correndo solta nas águas do Atlântico Norte.

Por essa época, começou uma forte resistência dos nativos à presença devastadora dos europeus. Grande chefe da tribo Lenca, o índio Lempira (hoje nome da moeda nacional) liderou um exército formado por 30 mil indígenas, botando os invasores para correr. Convidado por Alonso de Caceres para assinar um tratado de paz, Lempira foi traiçoeiramente assassinado durante as conversações. Sem uma liderança forte, os indígenas foram derrotados, se dispersaram e os espanhóis tomaram conta do país.

Em 1821, Honduras se integrou ao México independente durante um breve período. A seguir, liderados pelo general Francisco Marazán, o maior herói hondurenho, a região formou a Federação Centro-americana. O sonho de união entre os novos países se desfez em poucos anos em meio às intrigas de suas elites e Honduras se declarou um Estado independente em 1838. Em 1880, a capital foi transferida para Tegucigalpa.

Da independência até os dias atuais, a história do país foi uma sucessão de golpes militares, eleições fraudulentas e governos corruptos, a maioria deles apenas marionetes dos interesses dos Estados Unidos. Honduras teve 17 constituições entre 1821 e 1982. Em 1985, José Simeón Azcona Del Hoyo, candidato do Partido Liberal, obteve 27 por cento dos votos. Mesmo assim, venceu, embora Rafael Leonardo Callejas Romero, do Partido Nacional, tenha recebido 42 por cento dos votos.

Desde o apoio ao aventureiro William Walker até o patrocínio dos Contras da Nicarágua, passando pela presença dos fuzileiros navais para proteger as grandes empresas bananeiras norte-americanas, Washington tem dado as cartas em Honduras. O pequeno país, mesmo sem ocupar uma posição estratégica na América Central (essa estava no Panamá, onde os Estados Unidos administravam o canal), sempre esteve sob o tacão norte-americano, uma extensão da política do Partido Republicano fora dos corredores da Casa Branca e do Capitólio. Especialmente porque os maiores patrocinadores desse partido tinham ações das companhias que operavam em solo hondurenho.

Standard Fruit, Cuyamel Fruit Company e United Fruit chegaram a ter 75 por cento das plantações de banana no país. Essa riqueza, que deveria ajudar o povo hondurenho, ironicamente acabou empobrecendo ainda mais a nação. Em Honduras, tradicionalmente a Cuyamel Fruit Company financiava o Partido Liberal, enquanto a United Fruit patrocinava o Partido Nacional. Ao contrário da Nicarágua, da Guatemala e de El Salvador, cujos políticos surgiram das elites indígenas, em Honduras a política passou a ser apenas um joguete para defender os investimentos dos empresários norte-americanos.

Para preservar seus interesses comerciais e geopolíticos na América Central, os Estados Unidos chegaram a instigar os hondurenhos a entrar em guerra contra seus vizinhos de fronteira, em particular El Salvador e a Nicarágua sandinista, sempre em conluio com os políticos nativos. Não bastasse a praga disseminada por suas elites corruptas, volta e meia a nação é arrasada por desastres naturais, especialmente furacões.

Com a ascensão do presidente Ronald Reagan à Casa Branca, a presença militar norte-americana em Honduras aumentou drasticamente. Os Estados Unidos transferiram soldados para o território hondurenho com a missão de treinar e armar refugiados nicaragüenses e salvadorenhos, preparando-os para lutar contra seus próprios governos, alimentando guerras civis que se disseminaram como pragas mortíferas, atingindo especialmente as populações mais pobres do interior do país.

Enquanto isso, a economia nacional fracassava e o povo afundava cada vez mais na miséria. Resultado prático: com 90 por cento da população de origem mestiça, pesquisas indicam que mais da metade dos hondurenhos vive abaixo da linha de pobreza e um terço da força de trabalho está desempregada. As pessoas sobrevivem graças aos pequenos biscates, vendendo guloseimas nas ruas das cidades ou praticando a agricultura de subsistência no interior.

Durante muitos anos foi mais fácil comprar um fuzil de fabricação norte-americana, juntar-se a algum grupo paramilitar nas montanhas e ser mantido pelo dinheiro das empresas multinacionais do que conseguir um emprego com carteira assinada em Tegucigalpa.

Honduras é o segundo país em tamanho na América Central, parte dessas terras ainda em conflitos fronteiriços com El Salvador. A costa caribenha possui 644 quilômetros de extensão, enquanto a costa do Pacífico se estende por apenas 124 quilômetros. O interior é montanhoso, dois terços do território estão cobertos por cordilheiras que chegam a 2.850 metros de altitude. A agricultura é praticada apenas nos vales de altitude, nas várzeas dos rios e nas costas marinhas.

Desmatamento desordenado, crimes ambientais sem punição, animais em extinção e precárias estradas dificultam o desenvolvimento do ecoturismo, a indústria que mais cresce no mundo e na qual os demais países centro-americanos estão apostando todas as suas fichas, com base, principalmente, nos bons resultados colhidos pela Costa Rica. Embora a natureza tenha privilegiado Honduras com belas paisagens, a maioria dos estrangeiros visita apenas suas exóticas praias caribenhas e a região em torno das ruínas maias em Copán.

Tegucigalpa

À medida que o ônibus foi subindo e descendo morros enquanto cruzava os subúrbios de *Tegus*, como carinhosamente seus moradores a chamam, fui tomando contato com a capital mais pobre da América

Central. Ruas estreitas entupidas de carros e pedestres apressados; calçadas abarrotadas de vendedores ambulantes e pequenos mercados vendendo ferragens e produtos agrícolas davam-me as boas-vindas. Estava cansado, havia levantado muito cedo, o argentino tomara quase todo o meu rum, meu humor em nada contribuía para amenizar o impacto da triste realidade.

Para complicar, como previra, o ônibus me deixou em sua garagem, na periférica Comayagüela, já que a viagem se estenderia até San Pedro Sula, 241 quilômetros mais ao norte, capital industrial do país. Despedi-me de Nestor e combinamos de nos encontrar em algum outro lugar, pois ele costumava percorrer a América Central com certa regularidade. Eu estava gostando da viagem, pretendia voltar outras vezes à região, provavelmente nos veríamos de novo.

— Dá-me mais um trago antes de ir-se — ele ainda me disse, antes do ônibus reiniciar a viagem.

Que fazer?

Eu tinha a indicação de um albergue no centro, segundo alguns viajantes que encontrei pelo caminho um dos melhores da região. De acordo com meu mapa, ficava a mais de 20 quadras, no outro lado do rio, uma caminhada cheia de subidas e descidas sob o escaldante sol do começo da tarde. Fazia muito calor, a atmosfera estava úmida e densa, eu estava realmente cansado. Pior: meu rum estava no final.

Preferi um táxi, mesmo sabendo que provavelmente pagaria uma tarifa superfaturada — estrangeiros chegando nos terminais sempre são um prato cheio para os taxistas, a mais vivaldina de todas as categorias profissionais que conheço. Falar a língua local desfaz um pouco as ambições demasiadamente capitalistas dos motoristas, mas nada evita seus preços extorsivos. Embora em todos os países percorridos se fale espanhol, cada um deles tem seu próprio sotaque, detalhes na fala e gírias particulares. Sempre se leva um tempo para compreender com a devida acuidade o linguajar local.

Impossível, num primeiro momento, esconder nossa condição de estrangeiro. Como o primeiro contato do visitante, em qualquer lugar do mundo, normalmente se dá com esse tipo de gente, negociar com os taxistas é uma boa oportunidade para ir conhecendo o que nos espera nas ruas da cidade. Dependendo do grau de ganância deles, pode-se ter uma idéia dos transtornos a serem enfrentados enquanto se estiver na localidade.

Acertamos o preço e tão logo me aboletei no banco dianteiro do velho carro lá veio a conhecida conversa, um termômetro para medir o poder aquisitivo do passageiro:

— Tem muita mulher bonita em Tegus — ele foi logo dizendo.

— Imagino — respondi, já sabendo aonde ele queria chegar.

— Se o senhor desejar — ele emendou, com um sorriso maroto —, pela noitinha posso levá-lo num lugar onde existem belas mulheres para dançar.

— São bonitas mesmo? — perguntei, demonstrando exagerada curiosidade.

— Bem, se o senhor quiser — ele respondeu, não se dando conta do meu falso interesse —, posso levá-lo às mulheres mais bonitas, as morenas mais *calientes* de toda Honduras.

E arrematou, com o golpe final:

— São caras, mas vale a pena.

Alguém na rua fez um sinal e paramos. O passageiro perguntou aonde íamos, o motorista deu o itinerário, e ele embarcou. Como manda o costume local, algo que só descobri naquele momento, em Tegus os táxis são coletivos, alugar um carro não significa viajar sozinho até o endereço desejado.

— Existem mais passageiros do que táxis — explicou o motorista diante da minha cara de surpresa com aquele cidadão sentado no banco de trás, ao lado de minha mochila. — Além disso — continuou —, a passagem fica mais barata e se gasta menos combustível.

Fazia sentido, pensei, mesmo assim me senti logrado, pois quando acertamos o preço obviamente eu já havia pagado integralmente pela corrida. Pelo menos mudamos o rumo da conversa e quando ele voltou ao assunto, no desembarque, dei-lhe um tchau definitivo e o camarada saiu cantando pneu. Esse, pelo menos, não ficaria sabendo o tamanho de meu saldo bancário, quanto eu estava disposto a gastar na noite hondurenha.

Albergue

A porta do Tobacco Road Inn estava fechada embora já passasse em muito do meio-dia. Toquei a campanhia, esperei, e nada. Pela grade da porta pude ver o interior do albergue: um bar à esquerda, um pátio central rodeado por um alpendre onde saíam alguns quartos, a típica construção colonial tão característica da América Central, ainda preservada na maioria de suas casas. Estávamos no centro poluído de Tegucigalpa e aquela área, coberta por árvores e folhagens, transpirava um agradável frescor.

A placa no lado de fora da casa indicava um restaurante, uma outra, no lado de dentro, anunciava uma livraria. Mas não havia dúvidas: tratava-se de uma hospedaria, eu não me enganara de endereço. Alguns mochileiros encontrados pelo caminho haviam feito boa propaganda do local: o bar funcionava até tarde, normalmente algum cantor nativo dava o ar da graça interpretando músicas latinas, os mais desinibidos podiam dançar. Além dos hóspedes, o bar era freqüentado tanto pelos jovens de Tegus como pelos estrangeiros, especialmente os voluntários ora trabalhando em alguma ONG na capital.

Enfim, uma ótima encruzilhada.

Não apareceu vivalma para me atender, levando-me a procurar outro albergue nas vizinhanças. Meu guia de vigem indicava um novo hotel ali perto, embora bem mais caro. Um pouco decepcionado, virei a quadra e fui até lá conferir o ambiente. O lugar era bonito, mas pareceu-me muito pacato, muito asseado, longe do burburinho que tanto me atrai, aquele colorido que só os viajantes independentes sabem dar a qualquer hospedaria.

— Está lotado — disse-me o recepcionista.

— Ainda bem — respondi, para surpresa do cara.

Voltei ao Tobacco Road Inn e toquei novamente a campanhia. Agora para valer! Tom Taylor, o proprietário, veio me atender com cara de quem havia acabado de se levantar da sesta. Abriu a porta de grade e já fui reclamando:

— Faz um tempão que estou aqui, tocando a campainha, neste sol, com esta mochila enorme nas costas...

Nisso chegou uma moça, a funcionária que deveria ter me atendido, comendo um sanduíche e tomando um refrigerante. Ela levou uma bronca do chefe e logo me dei conta de que não teria a simpatia dela enquanto estivesse hospedado no Tobacco Road Inn. Não era um bom começo. Minha chegada em Tegucigalpa não estava sendo nada entusiasmante. Atribuí os desencontros a meu estado de espírito. Mal-humorado por ter levantado tão cedo, estava um pouco irritado. Além de tudo, o castelhano bebera quase todo o meu Flor de Caña.

Azar, não pretendia mesmo demorar-me em Tegucigalpa, apenas o tempo necessário para tirar meu visto para Belize, o único país da América Central que exige tal documento de brasileiros, e preparar minha viagem para Copán. No momento, interessava-me largar a mochila, encontrar um chuveiro para refrescar-me um pouco e me estender numa cama, tirar uma soneca na horizontal.

Apresentei-me ao Tom e ficamos conversando enquanto ele me levava ao quarto, dava-me uma cópia da chave e me informava sobre as regras de funcionamento do albergue.

— Fecho a porta à meia-noite e não abro, não adianta insistir; já deixei muita gente na rua por ter chegado fora do horário.

Ele era bem mais velho do que normalmente são os gringos que viajam para lugares paradisíacos, gostam e acabam se estabelecendo, a maioria deles abrindo hospedarias ou restaurantes típicos, uma forma de preservar o espírito viajeiro mantendo contato com os turistas estrangeiros. A figura é típica, existe em todos os lugarejos do mundo, mas normalmente são mais jovens.

— Quantos anos você tem? — perguntei-lhe.

— Sessenta e dois — ele respondeu, acrescentando, rindo: — Mas fala baixo.

Era pai de um garoto de seis anos. O menino morava com a mãe, uma hondurenha, mas gostava de passar os dias com ele, e não era para menos. Além do movimento propiciado pelos divertidos hóspedes, o moleque se distraía brincando com o pai. O gringo residia num amplo quarto, o melhor do albergue, com tevê via satélite e toda a parafernália tecnológica que fazia dele uma espécie de barão do mundo *underground*.

— Você está com sorte — ele me disse, quando fui assinar o livro de registro. — Embora com dois beliches, só tem você neste quarto.

— Até o começo da noite, pelo menos — respondi.

Ele riu, sabia que me referia às chegadas dos vôos internacionais ao aeroporto local, sempre trazendo novos hóspedes. Por estar perto dos Estados Unidos, de onde procede a maioria dos aviões, tanto trazendo norte-americanos como os europeus que chegam via Miami, as viagens são diurnas e as aeronaves pousam no final da tarde. Com isso, dei-me conta de que ter saído de madrugada de Manágua teve lá suas vantagens. Meu humor melhorou um pouco.

À noite constatei que estava mesmo com sorte: apenas uma moça da Nova Zelândia, Benita Chambers, me fez companhia no quarto enquanto estive na cidade. Mesmo assim, como ela estava em Tegus para visitar as pequenas cidades históricas dos arredores, como Suyapa, onde se localiza a magnífica Basílica de Suyapa, a virgem padroeira de Honduras — e, desde 1982, elevada à categoria de padroeira de toda a América Central por um decreto papal —, e o parque nacional La Tigra, na periferia da capital, pouco me encontrei com minha colega do beliche ao lado. Exceto pelo fato de ela espalhar seus pertences por todos os lugares, especialmente suas calcinhas molhadas, sua presença não chegou a me incomodar.

Visto

Tegucigalpa é barulhenta, agitada e com freqüência encontra-se envolta numa nuvem de poluição, especialmente a fumaça emitida por seus veículos, máquinas velhas em constante conflito com as íngremes ladeiras de sua acidentada topografia. Vistos de longe, os carros ainda se parecem com o que costumamos chamar de automóveis; vistos de perto, ficamos intrigados como eles ainda se movimentam por suas próprias forças. Seus motoristas, tresloucados, ansiosos por chegar antes mesmo dos veículos, deixam o trânsito ainda mais caótico.

Localizada numa bacia rodeada por um anel de altas montanhas, morros cobertos de pinheiros e favelas, passa-nos a sensação de que seu povo, pouco mais de um milhão de habitantes, vive espremido naquele pouco espaço. Tanto que, em 1938, a cidade de Comayagüela, no outro lado do rio Choluteca, foi absorvida pela capital, transformando-se num de seus bairros, o mais violento deles, justamente onde se localizam as garagens dos ônibus de longa distância.

Embora esteja a pouco mais de 14° de latitude norte, seus 975 metros de altitude lhe proporcionam um clima agradável, à noite fazendo um pouco de frio. Seu nome significa Montanha de Prata no dialeto náuatle, assim batizado pelos espanhóis quando da sua fundação, em 1578, para funcionar como um centro de mineração de prata e ouro. A idéia original dos europeus era saquear ao máximo as riquezas da região e depois deixá-la à própria sorte, objetivo alcançado com extraordinária competência.

Dada a espontaneidade de seus moradores, precisei de poucas horas para descobrir que ela compensa seus poucos atrativos naturais com a hospitalidade de sua gente, um povo pacato com uma história bem diferente da de seus vizinhos centro-americanos. Longe das freqüentes guerras civis que volta e meia assolam o subcontinente, os hondurenhos se consideram mais civilizados do que os salvadorenhos, seus tradicionais rivais no outro lado da fronteira.

Localizar o consulado de Belize foi um árduo trabalho. Mesmo tendo o endereço, ninguém na cidade sabia me informar como chegar até o lugar, nem mesmo meus amigos taxistas. Fui ao acaso, apostando na probabilidade de acertar mais do que errar. Tinha o rumo, mas isso pouco adiantava, o traçado das ruas era confuso. Depois de muitas voltas, eu acabava no mesmo lugar.

Recorrer aos tradicionais informantes em pouco ajudava; em muitas casas comerciais os funcionários não sabiam me dizer nem mesmo o nome da rua onde a loja estava localizada. Tentei alguns hotéis, mas a situação não foi muito melhor. Embora prestativos, ansiosos mesmo em colaborar, o pessoal nunca tinha ouvido falar no consulado. Conheciam o bairro, sabiam da existência da rua, mas nem de longe lembravam-se de algum prédio que pudesse hospedar uma representação diplomática estrangeira.

— Imagino que seja alguma mansão, uma casa suntuosa — eu tentava ajudar. — Normalmente esses burocratas adoram ostentações.

— Mas não há nada parecido pela redondeza — diziam-me.

Eu estava por perto, todos diziam o mesmo, mas onde? Havia um edifício, mas o porteiro não sabia de consulado algum, impossível que fosse naquele prédio. Nas vizinhanças existia um grande hotel, mas ele era novo, não constava de meu mapa da cidade, não servindo de referência. Perguntei aos funcionários, eles me deram algumas dicas, quase todas conflitantes.

Por fim, encontrei: o consulado se localizava num acanhado escritório no andar térreo de um pequeno centro comercial, meia dúzia de lojas atrás de um posto de gasolina. Sorte? Nem tanto, pois já era meio da tarde e o expediente externo funcionava apenas durante a manhã. Desolado, quase desacorçoado, andei em volta, tentando localizar-me para regressar no dia seguinte. Eu havia passado pelo local diversas vezes sem me ocorrer que o consulado pudesse funcionar num local tão pequeno. Depois, em Belize, descobri: tudo no país é acanhado, exceto a beleza extraordinária de suas praias caribenhas.

Voltei na manhã seguinte, outra caminhada e tanto. Pelo menos estava conhecendo a cidade em seus detalhes, suas ruas, seu comércio e, em especial, seus moradores. Como em toda capital, eles andavam apressados, mas não se negavam a parar e tentar ajudar o esbaforido estrangeiro com seu estranho sotaque. Imaginavam-me norte-americano, embora falasse espanhol de modo tão diverso dos gringos. Às vezes, eu explicava que era brasileiro, também falava originalmente uma língua latina, daí meu sotaque peculiar. Mas, nesses casos, eles desandavam a falar de futebol, a Copa do Mundo se aproximava, torceriam fanaticamente pelo Brasil, e ninguém mais saía do lugar.

— O Ronaldinho Gaúcho vai jogar o Mundial? — era sempre a primeira pergunta.

— Vai.

— Você conhece ele?

— Somos da mesma cidade, ele iniciou a carreira no meu time.

— Mas você já o viu pessoalmente?

— Quando jogava no Grêmio eu o via todos os domingos.

— Incrível.

A essa altura já havia um pequeno grupo me rodeando.

— Pessoal, ele conhece o Ronaldinho Gaúcho! — esbravejava o feliz torcedor.

— Não é possível — gritava outro.

A multidão aumentava, queriam conhecer alguém que conhecia pessoalmente o craque da seleção brasileira.

— O Ronaldinho Gaúcho não pode jogar o Mundial — disse alguém.

— Por que não? — perguntei.

— Porque ele não é humano — o homem respondeu, e todos riram, concordando com exagerados acenos de cabeça.

— Tenho de ir — eu disse. — Preciso chegar ao consulado de Belize ainda pela manhã.

— Brasil! — alguém ainda gritou, enquanto o bolo de gente se desfazia e eu me afastava ladeira acima.

— Brasil! — todos ecoaram.

Por fim, encaminhei os papéis e recebi o visto, não sem antes prometer ao cônsul que não pretendia ficar morando ilegalmente no seu país, muito menos passar clandestinamente para o México e de lá para os Estados Unidos, como faz a maioria dos centro-americanos que procuram a pequena nação caribenha.

Mais do que todas as minhas promessas, a carteira de jornalista e um passaporte carimbado em mais de vinte países, valeu mesmo o fato de eu já ter visto tanto para o México quanto para os Estados Unidos, eliminando a necessidade de usar Belize como trampolim para uma imigração ilegal. O desfecho foi favorável, mas saí de lá profundamente irritado com o burocrata, doeu-me ele imaginar que eu pudesse querer trocar minha Porto Alegre por alguma cidade da *América*. Além de tudo, cobrou-me absurdos 60 dólares americanos pelo visto.

Vigarista, eu hein?

Músico revolucionário

Certa noite, enquanto tomava uma cerveja Salva Vida no bar do albergue, conheci um sujeito tão anacrônico quanto bizarro, mas muito popular entre os visitantes, especialmente os estrangeiros ligados às ONGs em atuação em Tegus. Aliás, as cervejas hondurenhas não se destacam pelo sabor, mas pelo baixo preço, o suficiente para torná-las as bebidas mais populares do país, nitidamente entre os jovens locais e os mochileiros.

Pois o tal sujeito, dizendo-se integrante do imaginário Exército Revolucionário de Libertação Nacional de Honduras, tocava violão e entoava canções narrando as lutas dos bravos povos oprimidos da América Central contra os covardes soldados invasores dos Estados Unidos. As letras eram agressivas, algumas beirando a má educação, mas a turma, talvez por não entender espanhol, aplaudia e lhe pagava cerveja. Volta e meia ele passava o chapéu e recolhia dólares e euros. Dei-lhe uma gorjeta em lempiras e ele reclamou do pequeno valor, preferia a moeda norte-americana ou a européia. O dinheiro hondurenho não o atraía.

— Sou um revolucionário, não um mendigo pedindo esmola — esbravejou o pequeno homem.

Todos concordaram com o tipo e eu lhes respondi que se o cara não honrava a moeda do próprio país, quem o haveria de fazê-lo? Os ianques? Quem sabe os súditos da rainha? Resultado: acabei não lhe dando nada e ainda lhe passei uma descompostura. A quem ele pensava que estava enrolando? Valia-se da tradição heróica dos resistentes hondurenhos, gente honrada que morreu lutando em defesa do país, para faturar gorjetas imerecidas junto aos estrangeiros com complexo de culpa pela miséria do Terceiro Mundo. Os que falavam espanhol entenderam de primeira; para os que falavam inglês e francês fui traduzindo meu discurso. Após algumas cervejas, fico fluente em qualquer língua.

O músico não gostou, enfiou a viola no saco e se foi, não sem antes fazer um comício contra a prepotência do Brasil, para ele um país que sonha em se igualar aos Estados Unidos, explorando seus vizinhos latinos. Ele não gostava, acima de tudo, de nossas telenovelas, e achou por bem descarregar sua insatisfação em cima de mim. Dei-lhe uns encontrões e ele se mandou, cambaleando. O comandante do Exército Revolucionário de Libertação Nacional de Honduras bateu em retirada antes de a luta começar. O clima ficou tenso e aproveitei para me recolher, detesto confusões. Os demais seguiram meus passos e o bar fechou mais cedo.

Pelas manhãs, depois de visitar meus dois lugares preferidos na cidade, a bela catedral construída no século XVIII, com seus altares ricamente decorados em ouro, na praça Morazán, e a igreja de São Francisco, fundada em 1592, a primeira de Tegucigalpa, ambas no centro da capital, espreguiçava-me pelas ruas deliciando-me com os quitutes caseiros. Comida sempre me atrai, onde quer que esteja.

Viajantes há que gostam de fazer compras, uma forma de interagir com os costumes locais. Os comerciantes são por natureza pessoas loquazes, não se furtam a um bom bate-papo. Nada melhor do que uma bela pechincha para entender o espírito de uma cidade. Prefiro, no entanto, exercitar essa conversação comprando comida de rua. Ela propicia o mesmo contato e ainda nos dá uma idéia dos sabores preferidos da população.

A cozinha continental se limita aos pratos com galinha frita, mas alguns quiosques vendiam a comida típica da costa caribenha, especialmente as iguarias preparadas pelas comunidades *garífuna*. Mescla de negros, caribenhos e nativos, esse povo se destaca pela sua gostosa culinária à base de coco, como o pão, e frutos do mar, entre os quais peixes nobres, caranguejos e lagostas.

Desatento às orientações de Tom Taylor, fui conhecer a noite de Tegus com um casal de hondurenhos que conhecera no bar do albergue. Eles eram extremamente gentis e quando souberam que eu era brasileiro fizeram questão de mostrar-me um pouco do gingado das belas bailarinas de salsa, a dança típica que tanto nos apaixona.

Distraí-me com eles, o restaurante ao qual fôramos era muito agradável, a cerveja estava gelada e os casais dançavam graciosamente, tanto homens como mulheres, aquele balanço de cintura que obviamente eu jamais tentaria. Não consigo nem dançar chula, imagine salsa. A dança caribenha, insinuantemente brejeira, bem mais afrodisíaca do que os requebrados ritmos brasileiros, mais malabaristas do que sensuais, faz qualquer um perder a hora.

Voltei ao albergue no meio da madrugada e a porta, como deveria esperar, mas não esperava, estava fechada. O esperto — e malévolo — Tom, para não precisar levantar-se do seu trono, desligou a campainha e me deixou na rua. Meus novos amigos, um pouco constrangidos com a falta de hospitalidade do gringo, levaram-me a um hotel nas proximidades, onde passei o restante da noite. A diária era caríssima, mas eles evidentemente queriam apenas me agradar.

Precisava pensar rápido, eles ficaram me acenando do carro enquanto um sonolento vigia veio atender a campainha. Como eu podia dispensar o registro, pagar em dinheiro e não precisava de recibo, o porteiro da noite me fez um preço especial. Combinamos que eu sairia às sete e meia da manhã, antes da arrumadeira chegar, assim minha passagem pelo lugar passaria despercebida, exceto para nós dois, e ele embolsaria os trocados.

Quando cheguei no albergue a confusão estava formada: nove outros hóspedes, rapazes e meninas, também haviam perdido a hora. Menos experientes em arranjar acomodações dentro do próprio orçamento, dormiram na rua, em frente a uma praça. Embora todos conhecessem o horário de fechamento da porta, ninguém levou muito a sério as recomendações da hospedaria hondurenha, e o resultado foi inglório.

Entrei de soslaio, tratei de acomodar-me na minha cama e deixar o povo vociferar. Não gosto de me estressar diante dos pequenos problemas, prefiro encará-los como ironias do destino, contratempos que mais tarde servirão apenas para darmos risadas de nós mesmos; talvez escrever sobre eles, contar aos amigos nossas peripécias. Viajar por conta própria, especialmente em lugares em que se privilegia as belezas naturais em vez da infra-estrutura turística, requer boas doses de humor. Deixo a indignação e a revolta para os momentos realmente tensos e, embora eu ainda não soubesse, eles surgiriam ainda naquela manhã.

Dinheiro

Quando fui sacar dinheiro no caixa eletrônico na praça Morazán, a máquina simplesmente me informou que não havia conexão com a instituição emissora de meu cartão de débito internacional. Como carrego sempre dois cartões, de bancos diferentes, deixei para voltar mais tarde e sacar com o outro cartão.

Sou um cara prevenido, não caio no primeiro obstáculo. Fiz o meu passeio matinal tranqüilamente, tomei um lauto café, a melhor bebida hondurenha — os grãos colhidos nas lavouras centro-americanas são de primeira qualidade —, voltei ao albergue, troquei de cartão e fui sacar dinheiro; precisava reforçar o caixa. Para minha surpresa, a resposta foi a mesma: não havia conexão com a instituição emissora do meu cartão.

Ri da ironia, pois, mesmo tendo saldos em minhas contas no Brasil, precisaria sacar dinheiro com meus cartões de crédito, acarretando juros e outros custos adicionais. Os dólares que eu havia levado estavam acabando, restavam-me apenas algumas notas pequenas, reserva para ser utilizada em alguma emergência. Às vezes, nos embrenhamos em pequenas cidades do interior onde não existem postos bancários; outras vezes pagar em dólares significa grandes descontos. Eu estava, no entanto, numa capital, não esperava esse tipo de problema tão cedo.

Como ainda tinha algumas lempiras, deixei para sacar dinheiro no dia seguinte, não queria passar o dia todo indo e vindo do albergue para a praça e da praça para o albergue, tinha mais o que fazer. Além do mais, vira outros estrangeiros sacando dinheiro normalmente, o sistema estava funcionando, deveria ser apenas um problema momentâneo de conexão com o Brasil.

Mesmo assim, não foi uma noite tranqüila. O violão do revolucionário de meia-tigela soou-me além do normal, irritou-me o dólar que lhe dera de gorjeta, talvez viesse a me fazer falta. Precisaria eu também pegar uma viola e sair cantando letras iradas contra meus colegas norte-americanos do albergue? Algum camponês hondurenho me daria abrigo, agradecido pela minha bravura? As cenas estavam tão embaralhadas na minha mente que cheguei a sonhar com Che Guevara, o comandante Daniel Ortega e Augusto Sandino; todos tocando violão.

No outro dia, após assistir à missa na belíssima catedral, voltei lépido e faceiro ao caixa eletrônico na praça Morazán, conhecida também, como todas *plazas* centro-americanas, como parque central. Quando nenhum de meus cinco cartões de crédito, de três bandeiras e três bancos diferentes, também não funcionou, comecei a temer que talvez eu começasse a ter problemas de verdade nesta viagem. Será que o violeiro revolucionário me emprestaria o violão?

Vem vamos embora
Que esperar não é saber
Quem sabe faz a hora
Não espera acontecer

Tentei diversos caixas eletrônicos, tanto nas ruas como dentro dos bancos, e a resposta era sempre a mesma: não há conexão com a instituição emissora de seu cartão. Precisaria pagar direito autoral para cantar a música do Geraldo Vandré? Melhor ir ensaiando, pelo menos mentalmente.

Vem vamos embora
Que esperar não é saber...

Precisaria sacar dinheiro numa agência bancária, um trabalho desagradável. Primeiro, seria necessário encontrar algum banco com operações de câmbio, uma complicação a mais. Depois, como sempre, entrar numa longa fila, preencher uma série de formulários, pagar comissões e por aí afora. Se existe algo que eu aprendi há muito tempo é que, quanto mais pobre um país, maior a burocracia. Afinal, são esses pequenos poderes que dão charme aos burocratas, essa categoria profissional tão acomodada.

Embora estivesse na capital, apenas dois bancos poderiam prestar-me esse serviço. Àquelas alturas, a rede bancária já estava fechada, deixando-me mais um dia sem dinheiro, minhas lempiras se esvaindo nas pequenas despesas. Até a barata Salva Vidas ficou cara, meus bolsos sendo esvaziados mais rápido que os copos.

Resumi meu jantar a um sanduíche e uma cerveja no bar do Tobacco Road Inn. Aquele gringo chato bem merecia uma lição. Ele tinha uma coleção de fotografias antigas nas paredes do albergue, chegara em Honduras como fotógrafo e se deixara ficar, encantado com o lugar e as *chicas*. Que tal, embaixo da minha foto: brasileiro foge sem pagar a conta. Os exploradores estão voltando, cantaria o revolucionário violeiro.

O banco era minha última chance de sacar dinheiro e a possibilidade de não conseguir me colocaria numa situação tão constrangedora que eu me negava a pensar nessa hipótese. Por isso, quando o caixa se afastou para uma sala no interior da agência com meu cartão de crédito, passaporte e o formulário preenchido, ficamos tensos, eu e minha angústia.

— O saque não foi autorizado — foi a lacônica resposta do rapaz.

Por demais acabrunhado, limitei-me a pegar meus documentos e sair de fininho, como se tivesse sido pego tentando dar um golpe ou fazendo algo condenável. Um cachorro que leva um pontapé e sai com o rabo entre as pernas, essa foi a imagem que me veio à mente. Feito um cão sem dono, sentei-me no banco da praça, em frente à enorme estátua eqüestre do general Francisco Marazán, e fiquei matutando, imaginando o que poderia ter acontecido.

Primeira conclusão: eu tinha um problema. É ruim admitir, mas eu tinha um problema, não podia negar. Eu tinha um problema, sim, mas o general não estava nem aí para a minha tragédia pessoal. Já havia passado o tempo em que ele se preocupava com as aflições populares, agora se limitava a contemplar o horizonte do alto de seu belo cavalo. Seja como for, a solução de minha triste situação não passaria por ele, nem por qualquer autoridade hondurenha.

Precisava examinar a situação, começando por descobrir a origem do problema. Eu havia deixado no Brasil algumas faturas para minha mulher pagar. Talvez ela tivesse se esquecido de fazer algum pagamento e os bancos tivessem bloqueado minhas contas. Era uma hipótese bastante absurda, meus gerentes sabiam que eu estava viajando pelo exterior, mas eu precisava examinar todas as possíveis causas para meus cartões estarem bloqueados. Enviei um e-mail para a Ana Paula e ela me respondeu dizendo que estava tudo em ordem, os pagamentos haviam sido feitos nos vencimentos. Uma dúvida a menos.

Eu havia recentemente sacado dinheiro no Panamá, na Costa Rica e na Nicarágua sem problema algum, por que em Honduras não estava conseguindo? Imaginei que talvez o problema fosse com o sistema de comunicação no país. No entanto, meus amigos estrangeiros estavam sacando dinheiro normalmente. Talvez o problema fosse mesmo de conexão com o Brasil, quem sabe? Mas a resposta do caixa, ao me negar o saque, foi de que a operação não havia sido autorizada. Nesse caso, então, ele falara com alguém. Eu deveria ter conversado sobre o motivo da não-autorização, mas ficara tão constrangido que não me dera conta de indagar as causas do problema.

Bem, agora eu tinha um problema. Aliás, um não, dois: lembrei-me de que não sabia tocar violão.

San Pedro Sula

Com meus últimos dólares paguei a conta no albergue e comprei uma passagem para Copán, talvez nessa cidade conseguisse sacar dinheiro — ou inventar uma forma de ganhá-lo. No interior de Honduras a economia gira em torno do café, cujas grandes plantações se dão nas tradicionais fazendas conhecidas por *fincas*, um local onde, imaginei, não deve faltar trabalho. Embora não fosse minha atividade preferida, talvez pudesse me render alguns trocados. Honduras é o país mais barato da América Central, com pouco dinheiro se vai longe.

A maioria das *fincas* está no vale de Copán, para onde alguns estrangeiros que conheci em Tegus estavam indo trabalhar na colheita. Para quem vive em Londres ou Nova York, o estágio na *finca* era uma grande festa, mas para quem nasceu no interior do Rio Grande do Sul... Bem, eu já havia tentado ganhar dinheiro colhendo batatas no Alasca, nos arredores de Fairbanks, alguns anos antes. Por que não em Honduras?

Como diriam meus amigos que vivem no trópico de Capricórnio: trabalho é trabalho, meu!

Saímos cedinho pela *carretera* Del Norte, a mais importante rodovia hondurenha, e entramos no vale de Comayagua. Alguns quilômetros antes de alcançarmos a antiga capital, passamos pela base militar Soto Cano, onde mais de dois mil soldados norte-americanos ficaram estacionados na época em que os Estados Unidos apoiaram os Contras na guerra anti-sandinista. Atualmente a base está sob controle hondurenho, mas os militares norte-americanos ainda permanecem no local.

A região já era coberta por plantações há três mil anos, onde 14 sítios arqueológicos foram identificados pelos pesquisadores. Cerâmicas, jóias e pedras esculpidas em diversos estilos foram desenterradas ao longo das décadas pelos arqueólogos, muitos deles ainda trabalhando no local. Os povos centro-americanos tinham uma cultura bem diversificada, cada nova descoberta acaba trazendo mais perguntas do que respostas. Por isso, o trabalho de reconstituição da história desse povo ainda vai levar muito tempo.

Com base nas características desses objetos, os cientistas já identificaram três grandes épocas na pré-história do oeste de Honduras. Durante o período pré-clássico tardio, os designers eram caracterizados por figuras antropomorfas. A agricultura entrou numa fase tão desenvolvida que a sociedade começou a se urbanizar, passando a viver em aldeias e povoados graças aos excedentes agrícolas. Durante o período clássico, o estilo das cerâmicas mudou, passando a predominar os desenhos geométricos, uma mostra da sofisticação da cultura maia.

Por causas ainda desconhecidas, no entanto, a partir do século X, quando se entrou no período pós-clássico, a sociedade maia se desestruturou completamente, talvez por guerras internas ou algum desastre natural. Quando os espanhóis chegaram na região, no século XVI, as populações haviam regressado ao mais rudimentar estágio de desenvolvimento, as famílias vivendo espalhadas pela floresta, cultivando lavouras de subsistência. A história dessas populações parece ter seguido o mesmo destino dos demais maias que viveram mais ao norte.

Cruzamos pela cidade de Siguatepeque e seguimos costeando, por um longo tempo, o belo lago de Yojoa, onde mais de 375 espécies de aves já foram catalogadas. Certa vez, enquanto descansava na varanda de um hotel à beira d'água, um observador contou 37 diferentes espécies numa única árvore. Infelizmente nosso ônibus seguiu direto, uma jornada bem cansativa. Pelo menos almocei a bordo, uma tradição local. O lanche oferecido durante a viagem estava incluído na passagem, uma despesa a menos.

No começo da tarde desembarquei em San Pedro Sula, a 241 quilômetros da capital, a segunda maior cidade hondurenha, com quase meio milhão de habitantes. Centro industrial, comercial e agrícola do país, diretamente conectada ao golfo de Honduras, no mar do Caribe, suas amplas e planas ruas e avenidas foram construídas sobre uma antiga aldeia indígena Azula, um pouco além do rio de Las Piedras.

Atualmente com mais de duzentas fábricas, a cidade tinha apenas 21 mil habitantes em 1950. O rápido e desordenado crescimento da economia, e de sua população, trouxe juntamente com o aumento da criminalidade e da poluição um macabro título: capital centro-americana da Aids. Embora Honduras tenha apenas 16 por cento da população da América Central, hospeda 60 por cento dos soropositivos, um terço deles em San Pedro.

Teria acontecido o mesmo com as populosas cidades maias do passado? Teriam sido elas dizimadas por alguma epidemia? Essa pergunta há muito vem sendo feita pelos estudiosos, uma das tantas questões que me levaram a empreender este desafio. Esperava, até o fim da expedição, ter respostas não só para essa, como para tantas outras dúvidas. Por isso, ansiava pela hora de entrar em contato com os vestígios do antigo Mundo Maia. Estudando o passado e conversando com os sobreviventes, provavelmente conseguiria esclarecer certas questões, pelo menos as mais relevantes. Estudos mais recentes já apontavam para algumas respostas mais consistentes, e eu ansiava por aprofundar-me no assunto.

Lá pelas três da tarde embarquei de novo, agora para Copán, seguindo pela *carretera del Occidente*, uma tortuosa rodovia por entre a região mais montanhosa do país, margeando a fronteira com a Guatemala. Em La Entrada, uma vila perdida na cordilheira, deixamos a estrada principal e seguimos por entre as colinas rochosas, mergulhando na região outrora dominada por uma das grandes cidades-estado dos maias.

A estradinha por onde nosso ônibus seguia se enfiava pelo meio dos bosques, ora desviando disso, ora daquilo; mas nada que lhe tirasse o ímpeto desbravador, tal qual minha curiosidade em descobrir o que me surpreenderia depois de virarmos a próxima curva. E curvas não faltavam, assim como também não faltavam subidas, descidas, barrancos e despenhadeiros, contrafortes montanhosos capazes de proteger os moradores da antiga cidade de Copán.

O dia foi minguando, a luz solar se esvaindo, a claridade ficando cada vez mais tênue. Logo escureceu e fomos abraçados pela noite, a mesma que fazia os maias se recolherem às suas casas esperando por um futuro melhor. Um futuro prodigamente anunciado pelos oráculos, mas que se recusava a se tornar presente. Assim foi, por séculos, até tudo, e todos, serem engolidos por seus próprios desatinos, e soterrados pela selva, da mais humilde choupana ao mais alto dos templos.

Ao anoitecer chegamos na pequena Copán Ruínas, assim batizada para diferenciá-la do famoso sítio arqueológico, chamado simplesmente Copán, o antigo nome da cidade maia. O ônibus parou na entrada da cidadezinha e fui caminhando até a praça central, onde me informei sobre hospedagem.

Copán Ruínas

O Café ViaVia foi o melhor albergue desta viagem. Administrado por um jovem casal belga, ele faz parte de uma rede de hospedarias destinada a viajantes independentes. Com ramificações em diversos continentes, como em Zanzibar, na África, e Katmandu, na Ásia, dedica parte dos lucros a programas de preservação da natureza e de educação ambiental. Os quartos, tanto coletivos como privados, estão em torno de um belo pátio arborizado, por onde se entra através de um simpático bar-restaurante-café-ponto de troca de livros etc.

Pela manhã podia-se tomar um café moído na hora acompanhado de pão caseiro, mel e diversos tipos de geléias naturais, tudo preparado sem agrotóxicos, além de uma grande variedade de comida vegetariana. Durante o dia o ViaVia ficava praticamente vazio, o pessoal se esparramava pelas redondezas, a maioria visitando as ruínas. À noite, no entanto, a saudável vida dos ecoturistas dava lugar a muita cerveja, música ao vivo, dança e alguns namoros fora de época; ninguém precisa ser politicamente correto 24 horas por dia.

O ViaVia só tinha um problema: eles não aceitavam hóspede sem dinheiro, obrigando-me a gastar minhas últimas três notas de cinco dólares para pagar três diárias no dormitório com dois beliches. Dividi o quarto com um casal de tchecos que imaginei estivessem em lua-de-mel, ou algo parecido, e um tal Fred, da Escócia. Não é comum encontrar escoceses nessas paragens, por isso minha surpresa com a presença do rapaz.

Ele viera trabalhar numa *finca*, estava aguardando o patrão. O garoto trabalharia de graça na plantação de café, sua ONG o enviara para ajudar, mas pagaria a hospedagem e a alimentação na casa do fazendeiro. Oferecendo além do trabalho braçal — que imaginei seria apenas figurativo, o espigado sujeito não tinha jeito de alguém produtivo na roça —, sentir-se-ia mais útil àquela pobre gente. Seu espanhol, aperfeiçoado numa escola para estrangeiros em Quetzaltenango, na Guatemala, não fluía muito bem e o cara estava um pouco tenso.

— Você não quer me acompanhar na *finca*? — ele me convidou. — Será uma grande experiência.

Ficaria mais seguro com um intérprete ao lado, mas eu não estava em condições de pagar para trabalhar. Assim, minha possibilidade de ganhar algumas lempiras nas *fincas* em torno de Copán havia se evaporado tão absurdamente quanto o império maia.

Havia uma cabine de auto-atendimento com um caixa eletrônico à entrada do Banco de Occidente, para onde me dirigi cheio de esperanças. Mas, como já acontecera em Tegucigalpa, nenhum de meus cartões funcionou. Senti ganas de dar um pontapé naquela geringonça, mas contive-me a tempo. Caso fosse preso, só pioraria a situação, por si só já constrangedora. A resposta continuava sendo a mesma: não havia comunicação. Eu já sabia a frase de cor e salteada, de trás para a frente, da frente para trás, mas as insensíveis máquinas insistiam em repeti-la sempre que enfiava meus cartões nas suas fendas.

Tentei uma última jogada. Fui ao restaurante mais caro da cidade e perguntei se trabalhavam com cartão de crédito. A resposta foi positiva e eu entrei, indo diretamente falar com o gerente.

— Pretendo jantar, mas estou tendo problemas com meu cartão de crédito — expliquei. — Às vezes ele funciona, outras vezes não.

Claro, omiti o fato de que o "às vezes ele funciona" ter acontecido pela última vez na Nicarágua. Também, não precisava expor minha pobre vida em todos os seus detalhes.

— E como posso ajudá-lo? — perguntou-me o simpático rapaz.

— O senhor poderia passar o cartão antes? Assim sabemos se poderei utilizá-lo ou se precisarei pagar a janta em dinheiro.

— Sem problemas — ele falou, e lá fomos para junto dos terminais Visa e MasterCard.

— Qual o valor que devo passar? — ele perguntou.

— Como assim?

— Para passar o cartão preciso colocar o valor.

Claro, não havia me dado conta desse detalhe. Como eu vinha gastando 200 lempiras por dia, pouco mais de dez dólares, sugeri 300 lempiras. Pagaria a janta e sobraria algum troco. Não poderia sobrar muito, eu logo me deslocaria para a Guatemala, estava na divisa, e o dinheiro hondurenho não é aceito fora das fronteiras do país.

Para minha surpresa, o débito foi autorizado, deixando-me ainda mais confuso com a tal história dos caixas eletrônicos não terem contato com a instituição emissora, aquela lengalenga que eu não agüentava mais. Valha-me Deus!

Bem, por ora a situação estava resolvida e era isso que interessava. Precisava tratar de relaxar. Especialmente comer uma boa refeição, uma cerveja gelada, um café decente... Havia passado os últimos dias a pão e água, muito mais água do que pão. Meu estômago havia encolhido, precisava fazê-lo voltar ao normal.

A comida, a bebida, o ambiente e o atendimento foram de altíssimo nível; os preços também. Na hora de somar a despesa o garçom adicionou 12 por cento de IVA, o ICMS deles, imposto que eu imaginava já estivesse embutido nos preços do cardápio; dez por cento de gorjeta (sem me perguntar se concordava) e mais seis por cento por conta da taxa cobrada pela administradora do cartão de crédito e que os comerciantes, obviamente, debitam na conta dos incautos consumidores. Total da nota: 300 lempiras.

Voltei para o albergue chutando todas as pedras do caminho, e não foram poucas. Para complicar, acordei de madrugada com um ataque de fígado tão violento que cheguei a pensar que morreria de tanta dor. Passei a manhã no banheiro, curvado sobre o estômago, vomitando uma meleca verde pegajosa. Só melhorei quando Kristina e Yves, o casal de tchecos com quem dividi o dormitório, me deram um remédio.

Pela tarde saí para curtir um pouco a aconchegante cidadezinha, era sábado e nada mais havia para fazer.

Passeio

Originalmente uma pequena aldeia onde se reuniam os plantadores de fumo do vale do rio Copán, ela chegou a vila. Com as descobertas arqueológicas das ruínas maias a pouco mais de um quilômetro de distância, logo seus moradores se viram em meio a uma pequena cidade repleta de turistas. Tanta gente chegando, e saindo, dos imberbes mochileiros desempregados aos sisudos senhores aposentados, todos atraídos pelos preços baixos, fez de Copán uma cidade idílica, porta de entrada do Mundo Maia para quem vem do Sul.

Especialmente apreciada pelos turistas jovens, rapazes e moças acostumados a cruzar o mundo arcados sob suas pesadas mochilas, Copán Ruínas se transformou numa das mais movimentadas encruzilhadas da América Central, onde se podem encontrar, num mesmo albergue, viajantes falando inglês, espanhol, holandês, alemão, hebraico, francês, japonês, coreano e até português, embora esses em bem menor número. Para falar a verdade, apenas eu.

Como convém a uma pequena cidade com estreitas calçadas e ruas pavimentadas com pedras arredondadas, onde apressados *tuk tuks* (triciclos montados sobre uma lambreta) circulam aos solavancos, ela se concentra em torno da praça central, tendo de um lado a igreja e do outro a prefeitura. Suas casas são baixas, de um único andar, e todas cobertas por telhas coloniais, sua arquitetura nos remetendo às figuras dos livros de História da época da chegada dos colonizadores europeus ao istmo centro-americano.

Na orla entre as montanhas e o fundo do vale, além dos pátios arborizados para qualquer lado que se olhe vemos um horizonte coberto de *ocote*, um pinheiro nativo, misturado a enormes árvores, a verdejante vegetação de uma terra abençoada com chuvas constantes. Relativamente plana, poucas das ruas sobem a encosta do vale. Somada a sua elevada altitude, proporcionando um ar fresco constante, a cidade em si já é um convite a uma boa caminhada.

Ou à preguiça, amplamente praticada pela gente local.

Os moradores colocam suas cadeiras no passeio público, a cada final de tarde, e ficam conversando, alegres com o colorido desgrenhado dos mochileiros no seu infindável vaivém, ávidos por novidades *típicas* da região, como passeios a cavalo, longas caminhadas pelas verdes colinas cobertas de pinheiros ou banhos em cachoeiras. Muitos, os menos apressados, chegam para uma semana e ficam meses. Alguns pegam gosto pelo lugar, abrem uma pousada ou um restaurante, e se estabelecem de vez.

Pablo Ramirez, um simpático espanhol com quem logo fiz amizade no ViaVia, estava na cidade havia dois meses. O rapaz se formara em Medicina em Barcelona e antes de se lançar ao trabalho resolvera fazer um giro de um ano pelas Américas, desbravar o Novo Mundo colonizado por seus compatriotas.

— Conhecer um pouco da vida real — confessou-me, os olhos brilhando.

Entusiasmara-se tanto pelos latinos, acho que mais ainda pelas latinas, a ponto de cancelar os quatro meses programados entre o Canadá e os Estados Unidos para curtir por mais tempo a América

Central. Ao longo do caminho encontrei muitos jovens em situações semelhantes, alguns se prometendo voltar no futuro, e para ficar.

Percorrendo algumas ruelas, ao cruzarmos pelas igrejas Pablo dizia, espantado:

— Bem se vê que os espanhóis passaram por aqui.

Uma atividade altamente simpática aos mais atrevidos é hospedar-se alguns dias numa pequena chácara para uma convivência mais próxima com os campesinos. As famílias acolhem com satisfação os visitantes, fonte de renda extra aos plantios de fumo ou café. Ao final, todos saem felizes do pequeno vale banhado pelo rio Copán, como em breve deveria acontecer com Fred.

À noite todo o pessoal, tanto os turistas que chegam apenas para conhecer as ruínas quanto os viajantes menos apressados, se reúne nos inúmeros bares e restaurantes da cidade para uma cerveja e um bate-papo sobre a principal atração do vale, o real motivo de cada um estar neste canto do mundo: os maias.

Na volta ao ViaVia, após a longa caminhada pela cidade, não encontrei Fred. Ele se fora, deixando-me um bilhete contando da grande felicidade em poder "trabalhar para ajudar este povo tão sofrido". Dói-me ver pessoas tão jovens, tão entusiasmadas em ajudar, partindo de um pressuposto totalmente equivocado. Quanta coisa a aprender com a milenar cultura centro-americana e lá vinha outro estrangeiro impregnado da visão assistencialista de mais uma arrogante ONG européia. Quanto tempo levaria para a América Central finalmente se ver livre desses missionários?

O etnocentrismo — a presunção da superioridade cultural européia —, sepultado logo após a Segunda Guerra Mundial, ainda prevalece nas cabeças de muita gente; mesmo os modernos universitários reproduzem a superada filosofia do antigo colonizador, menosprezando as culturas nativas.

Graças ao belga Claude Lévi-Strauss, criador da moderna antropologia, as teorias evolucionistas do século XIX, segundo as quais as sociedades ditas "primitivas" representavam estágios ultrapassados pela Europa no caminho do progresso, haviam ficado para trás. Para ele, o importante nas sociedades humanas não eram suas diferenças, mas sim suas semelhanças. Ele não se preocupou com as particularidades de cada grupo humano: seu objetivo não era conhecer uma sociedade específica, mas o que havia de universal em todas elas, seu verdadeiro valor.

Fiquei imaginando quanto seria engraçado explicar ao Fred que o que ele realmente tinha de mais importante, como ser humano, não eram as diferenças com os moradores da roça para onde ele viajara, mas sim as semelhanças, os valores universais da espécie humana.

Lembrei-me de uma frase ouvida no sermão durante uma missa na catedral de Tegucigalpa, dias antes, quando o padre lembrou aos fiéis que de boas intenções o inferno estava pavimentado. Ele falava de outro assunto, claro, mas não pude dissociar a imagem do que Fred vinha fazer em Honduras. Se essas ONGs instruíssem seus exércitos juvenis a pressionar os governos europeus a acabar com os subsídios agrícolas, metade do mundo sairia da miséria.

Por isso, prefiro os mochileiros mais descolados, cuja verdadeira missão é curtir a vida e se instruir, investindo em seu próprio aprendizado, dispensando a missão de salvadores do mundo. Nada me entusiasma mais do que a fauna colorida dos albergues, um povo nômade completamente desligado das convenções sociais que lhes aprisionam a alma quando em suas próprias comunidades. O ViaVia estava no centro desse território, aldeia onde todas as tribos se encontravam em pé de igualdade.

Claro, às vezes algumas figuras exageram nos adereços, as roupas são completamente inadequadas, homens e mulheres saídos de um quadro pintado noutro continente. Mas basta puxar assunto com essa gente para descobrir suas almas generosas, pessoas movidas por suas curiosidades intelectuais, a vontade de fazer novas descobertas acima de qualquer preconceito.

Adoro essas figuras exóticas ansiosas por emoções, gente e mais gente divertida falando línguas estranhas. Aprecio o mundo fluindo bem na frente de meus olhos, liberando minha necessidade de liberdade total. Estar em movimento dignifica minha alma, faz-me feliz, adoro fazer parte desse povo. Por isso, sentia-me profundamente triste e acabrunhado neste sábado enquanto, mal escurecera, caminhava lentamente para meu quarto.

Deitei-me cedo, muito cedo, sentia-me debilitado pelo ataque de fígado da madrugada. Não sentia mais dores, os remédios haviam entrado em ação, mas vomitara muito no começo da manhã e não estava achando a menor graça em acompanhar meus novos amigos reunidos no bar do ViaVia. Queria, acima de tudo, dormir. Ah, dormir.

Fiquei sozinho com o casal de tchecos. Yves, sentindo-se mais à vontade, resolveu deixar sua cama, na parte de cima do beliche, vazia e se espremer na cama de baixo com Kristina. Lembrei-me daquele outro tcheco, a situação não podia ser mais kafkiana. Exceto pelo barulho do ranger do beliche do jovem casal, tive um sono tranqüilo.

Aproveitei o domingo para jejuar e revisar meus apontamentos sobre a visita ao sítio arqueológico, trabalho previsto para o dia seguinte. Talvez eu entrasse no local com minha credencial de jornalista, sem precisar pagar os dez dólares cobrados para visitá-lo, mas supus que, por ser domingo, haveria muita gente. Preferi deixar o passeio para segunda-feira, pelo menos os estudantes das escolas hondurenhas não estariam congestionando os monumentos.

Sítio Arqueológico de Copán

Copán se tornou mundialmente conhecida por meio de um livro publicado pelo advogado, aventureiro e escritor norte-americano John Lloyd Stephens e o arquiteto e desenhista inglês Frederich Catherwood. Como se vê, já naquela época os viajantes escreviam livros para relatar suas aventuras. Mais tarde, eles compraram a área de um agricultor por 50 dólares.

John Lloyd Stephens já havia publicado seu famoso livro de viagens *Incidents of Travel in Arábia Pétrea* quando convenceu o presidente dos Estados Unidos, Martin Van Buren, a enviá-lo em missão diplomática à América Central, um cargo-fachada para encobrir suas explorações arqueológicas. Acompanhado por Frederich Catherwood, ele visitou as ruínas em 1839, e lá passaram diversas semanas fazendo escavações. Desenterraram monumentos, descobriram templos, fizeram medições e muitas anotações.

Depois de visitarem outras áreas na Guatemala e na península do Yucatán, no México, voltaram aos Estados Unidos e publicaram mais um livro, *Incidents of Travel in Central America, Chiapas and Yukatán*. Como era de esperar, o livro fez grande sucesso, vendendo dez edições em três meses. O brilhante texto de Stephens, descrevendo em detalhes as impressionantes ruínas, acompanhado pelos desenhos magníficos de Catherwood, captou a imaginação popular e o Mundo Maia ressurgiu do fundo das florestas tropicais.

Sobre Copán, ele escreveu:

> Arquitetura, escultura e pintura, todas as artes que embelezam a vida, floresceram nesta densa floresta; oradores, guerreiros e estadistas, beleza, ambição e glória viveram e morreram, e ninguém soube que tais coisas existiram, ou podia falar de sua existência passada (...) Ali estavam os restos de um povo culto, educado e peculiar, que passou por todos os estados inerentes à ascensão e queda das nações; atingiu a sua era dourada, e pereceu.

Personagens como o deus Chac e o imperador Ah Cacau logo se tornaram *pop stars* editoriais, suas proezas eram discutidas nos cafés em Manhattan, aventureiros ao redor do mundo se imaginavam desenterrando tesouros e se cobrindo de glórias pessoais na América

Central. Estava dada a largada a mais uma caça ao tesouro, o tesouro dos maias.

A partir do grande sucesso do livro, arqueólogos do mundo inteiro se voltaram para Honduras, e as ruínas em Copán foram aos poucos sendo resgatadas da selva para ilustrar a história da mais importante civilização pré-colombiana nas Américas. Em 1959, os arqueólogos Heinrich Berlin e Tatiana Proskouriakoff começaram a decifrar a escrita maia, trabalho que continua até hoje.

Em 1975, iniciaram-se escavações de túneis, técnica utilizada para encontrar os prédios soterrados pelos novos reis, que assim o faziam para construir seus próprios templos mais altos que os anteriores. O maior resultado desse trabalho surgiu em 1989, quando o arqueólogo hondurenho Ricardo Agurcia encontrou o templo Rosalila intacto.

Segundo o famoso arqueólogo Sylvanus Morley, a antiga cidade maia de Copán podia ser considerada a "Atenas do Novo Mundo". Embora não fosse a maior da época, apesar de ter congregado quase 30 mil habitantes em seu auge, Copán foi a capital cultural maia durante os 400 anos em que dominou a região. Considerada pelos estudiosos o principal centro de escultura dessa grande civilização, destacou-se também pela sua desenvolvida astronomia e complexos escritos hieroglíficos.

Eu não via a hora de tocar nessas histórias, percorrer lentamente cada um dos templos, apreciar os ricos detalhes das magníficas esculturas, voltar ao passado movido pela beleza dos artistas da metade do primeiro milênio. Mas antes precisava resolver um problema bem mais comezinho: arrumar dinheiro.

Dinheiro II

Na segunda-feira amanheci na porta do banco. Ao contrário do fim de semana, havia diversos guardas armados de fuzil em frente ao prédio, uma segurança exagerada para a acanhada cidade. Mesmo assim, fiquei preocupado, eles deveriam saber algo que eu não sabia. Tampouco queria ficar por ali zanzando à toa, já fizera isso muitas vezes nos dias anteriores testando o caixa eletrônico, vai ver era eu a ameaça contra a qual estavam tão prevenidos. Era só o que me faltava: ser confundido com algum assaltante de banco.

Quem sabe mais tarde, se a coisa apertasse...

Testei novamente meus cartões na cabine de auto-atendimento em frente à agência, mas os resultados foram os mesmos das vezes anteriores: não há comunicação com a instituição emissora de seu cartão. Fui direto falar com o gerente.

— Preciso sacar dinheiro, mas não estou conseguindo — fui dizendo, antes mesmo de sentar-me na cadeira à frente da mesa do homem, como ele havia sugerido com um gesto de mão.

Eu estava nervoso, podia-se notar a distância. Preparara-me para dar uma bronca no banco, precisava de dinheiro nem que fosse obrigado a forçá-lo com meia dúzia de gritos. Que telefonasse para o Brasil, chamasse os Estados Unidos, movimentasse o Citicorp, acordasse o dono do Itaú, qualquer coisa, o banco que fizesse algo, eu era um cliente preferencial, e havia dois dias não comia nada.

— O caixa eletrônico diz que não há contato com o seu banco... — ele respondeu, na maior calma.

Fiquei perplexo. Pensei em perguntar como ele sabia, eu nem havia tocado no assunto, mas ele fez um gesto pedindo-me o cartão e eu imediatamente o atendi. Um pouco atabalhoado passei-lhe meus documentos.

— Preciso de seu passaporte também — ele disse. — Quanto o senhor quer sacar?

Quanto eu queria sacar? Quanto eu queria sacar... Deixe-me ver... Nem havia pensado nisso, essa era uma possibilidade já tão distante na minha mente. Seria verdade? Tão simples assim? O gerente parecia saber o que estava fazendo, logo o meu problema deveria ser o mesmo de muitos outros, alguma falha no sistema, sei lá.

E nem queria saber.

O homem ali, na minha frente, esperando a resposta. Preciso ver para crer, pensei. Não estou acreditando, está me parecendo muito fácil, nem cheguei a brigar com o sujeito. Depois de todo o estresse, sacar dinheiro assim, tão fácil... Só dizer o valor e pronto, sair com a carteira cheia de notas novinhas. Nem tinha graça.

— Quanto o senhor quer sacar? — ele insistiu, com um formulário na mão, esperando minha resposta, precisava preenchê-lo.

— *Bueno* — eu disse, recompondo-me na cadeira.

Disse o valor em dólares e ele me explicou que eu deveria sacar em lempiras, não podia dar-me dólares. Eu havia sacado em dólares tanto no Panamá quanto na Costa Rica, era uma segurança extra, dinheiro conversível em qualquer país. Pelo jeito as regras cambiais em Honduras eram diferentes. Mas, dadas as circunstâncias, lempiras mesmo estava bem, muito bem.

Viajaria dentro de dois ou três dias para a Guatemala, estava na fronteira, precisava de muito pouco dinheiro hondurenho. Mas se existia uma possibilidade de sacá-lo, era preciso aproveitá-la, mesmo que depois, ao trocar por quetzales com os cambistas na divisa, eu precisasse pagar uma gorda comissão. Repeti que me desse em lempiras o equivalente aos dólares que eu pedira, era simples.

Deixei para ele fazer as contas, eu estava nervoso demais para tal proeza. O gerente preencheu o formulário, afastou-se um pouco até um balcão encostado na parede atrás da sua mesa e telefonou para alguém, por certo pedindo autorização para o pagamento. Após uma pequena espera para ele e uma eternidade para mim o sujeito se curvou diante do formulário e preencheu um dos campos com o número fornecido por alguém no outro lado da linha.

Era a autorização para o saque, isso eu sabia.

Sabia também que não deveria, mas não me contive: na frente mesmo do caixa do banco beijei as efígies do índio Lempira, na nota de um lempira, e do general Morazán, na de cinco lempiras. Em frente à figura do líder indígena estava escrito *República de Honduras libre soberana e independiente* e no verso da cédula estavam estampadas imagens de Copán, sobressaindo-se o estádio de futebol e as escadarias com os famosos hieróglifos mandados construir pelo rei Fumaça Caracol, bem como a estela do rei Dezoito Coelhos.

Saí assobiando, com os bolsos cheio de dinheiro (cada dólar comprava 18 lempiras), pensando na cerveja gelada que eu tomaria depois de visitar as ruínas. Uma galinha assada, arroz, *frijoles*, milho assado, muita banana caramelada, café com leite, pão feito em casa... Meu Deus do céu!

As ruínas

Estava tão descontraído que fui caminhando até o sítio arqueológico. Não ficava longe, era uma boa oportunidade para apreciar a bonita paisagem sem preocupar-me com o futuro. Embora estivéssemos apenas no meio da manhã, o sol já estava muito quente, seria um dia e tanto. Talvez chovesse pela tarde, mas nada turvaria meu primeiro contato com uma grande cidade maia. Depois de tantas sinuosas estradas pela América Central, finalmente estava chegando ao objeto do meu desejo nesta viagem.

O fértil solo do fundo do vale dominado pelo rio Copán já atraía os agricultores havia mais de dois mil anos, embora os maias tenham chegado na região na mesma época em que Jesus Cristo circulava pela Palestina. Historiadores acreditam que invasores provenientes da grande cidade de Teotihuacán, na região central do atual México, dominaram a esparsa população local e se estabeleceram como novos governantes. Evidências arqueológicas sugerem que os primeiros prédios, ainda bem rudimentares, foram construídos por volta do final do primeiro século da nossa era. Em 426, tem início a dinastia que governou Copán por quatro séculos.

Por causa da tradição maia de destruir os monumentos construídos por seus antecessores ou, o que era mais freqüente, erguer novos templos sobre os já existentes, para louvarem a si próprios mais do que aos antepassados, têm-se dificuldades em se obter informações mais detalhadas sobre os primeiros tempos de suas cidades.

Em Copán o sítio arqueológico está muito bem estruturado, preparado para receber o grande número de turistas que afluem para o local diariamente. A infra-estrutura segue o padrão desses lugares, tão visitados em qualquer lugar do mundo, exceto no Brasil, onde a maioria dos lugares históricos está abandonada.

Há um prédio na entrada onde os visitantes compram ingressos, livros, guias, camisetas e todo tipo de suvenir. Uma grande maquete dá uma idéia geral de como teria sido a cidade em seu auge, realmente esplendorosa. Existe um museu, onde estão as esculturas mais sofisticadas encontradas entre as ruínas, incluindo uma réplica em tamanho natural do magnífico templo Rosalila.

Guias turísticos, devidamente credenciados pela administração do órgão governamental responsável pelo sítio arqueológico, oferecem seus serviços, um préstimo valiosíssimo para quem chega com pouca informação. A civilização maia era muito complexa e, ao contrário do que se pensa, cada cidade tinha um aspecto cultural específico, sobretudo em razão de sua localização geográfica. Por isso, era preciso estudar separadamente cada local visitado, um trabalho árduo para quem deseja aprofundar-se na história desse povo. Mas, para os turistas apressados, a tagarelice dos guias profissionais era suficiente.

Muni-me de água, chapéu de palha de aba larga, algumas frutas, um mapa bem detalhado, alguns livros específicos sobre as esculturas de Copán, enfiei tudo na mochila e entrei no parque, um dos primeiros visitantes. Como há uma trilha sugerindo a ordem dos monumentos a serem visitados, orientação seguida pela maioria dos turistas, resolvi percorrê-la em seu sentido inverso. Enquanto eles estivessem no começo, eu estaria no fim; quando eles chegassem ao fim da visita eu estaria no início do percurso. Iríamos nos encontrar em algum lugar pelo meio do caminho, seria divertido, mas na maioria do tempo eu estaria sozinho.

Minha intenção era visitar as estruturas na ordem cronológica em que foram construídas, algo possível graças a meus mapas detalhados e aos estudos preliminares feitos ainda no Brasil. Queria curtir demoradamente cada uma das esculturas, pirâmides, templos, estelas, escadarias e sabia que esse trabalho iria me manter ocupado até ao anoitecer, quando fosse obrigado a deixar a área.

Mais do que admirar a arquitetura e as esculturas, queria mesmo era sentar-me no alto de suas pirâmides e imaginar a cidade em sua época dourada. Eu tinha muitos desenhos artísticos que supostamente reproduziam os movimentos das pessoas em Copán, podia agora imaginá-las à frente de cada prédio. Desde que, é claro, meus fantasmas não fossem atrapalhados pela multidão de turistas.

Apenas o centro da cidade havia sido desenterrado e restaurado, havendo muito ainda por pesquisar. Os estudiosos catalogaram 3.450 estruturas espalhadas numa área de 24 quilômetros quadrados, a maioria delas a cerca de meio quilômetro do centro. Em uma zona mais ampla, 4.509 estruturas foram detectadas em 1.420 locais diferentes, cobrindo uma região com 135 quilômetros quadrados de ruínas.

Essas descobertas indicam que no auge de Copán, nas últimas décadas do século VIII, o vale era habitado por mais de 30 mil pessoas. Com o abandono da região, no fim do período clássico, essa população só foi alcançada novamente nos anos 1980, uma breve idéia do tamanho da catástrofe ocorrida com esse povo pouco antes de completar-se o primeiro milênio de nossa era.

Essa área mais ampla continua embaixo da floresta, coberta por árvores gigantescas em meio a um espesso matagal, por onde se pode caminhar através de longas trilhas, um prazer que eu antecipei esfregando as mãos de contentamento. Enfiar-me sozinho pelos bosques, observar a flora e parte da fauna do tempo dos maias em meio ao silêncio e à solidão do passado justificariam todo o estresse dos últimos dias. Não dava para negar, eu estava feliz; e não era só por estar com os bolsos cheios de dinheiro.

Os primeiros reis

Apenas em 1989, foram encontradas referências sobre os primeiros reis de Copán numa câmara chamada Sala dos Fundadores, enterrada logo abaixo da hoje famosa Escada dos Hieróglifos, bem no centro da cidade. Aparentemente a sala foi mandada construir por K'inich Popol Hol, o segundo rei da cidade-estado, para homenagear seu pai, o rei Mah K'ina Yax K'uk'Mo' (Grande Senhor do Sol Quetzal Arara).

Quetzal é um pássaro típico da região, um dos maiores símbolos maias. Ave nacional da Guatemala, ele dá nome à moeda do país. Embora pequeno, é excepcionalmente belo. O macho tem o peito coberto por penas vermelhas brilhantes; o pescoço, a cabeça, as asas e o rabo, esse bem mais comprido do que o restante do corpo, são verde-azulados. Mede cerca de 15 centímetros de comprimento. As fêmeas, embora não sejam tão chamativas, também são muito bonitas. Vive nos bosques nas terras altas, mas é difícil avistá-lo em meio à neblina que constantemente encobre esses matagais.

De acordo com as inscrições entalhadas numa estela encontrada no interior da Sala dos Fundadores, o Grande Senhor do Sol Quetzal Arara governou Copán de 426 a 435. Esses relatos mais as informações descobertas em sua tumba deram a entender que o primeiro rei de Copán não foi um guerreiro, como se pensava, mas um poderoso xamã, mais tarde idolatrado por seus sucessores como uma divindade.

Sobre os próximos sete reis pouco se sabe, nada mais do que alguns nomes e certas datas. Cu Ix foi o quarto e Jaguar Lírio de Água, o sétimo. Aparentemente governando apenas uma pequena parte do vale, esses líderes mandaram construir poucos monumentos e não há quase hieróglifos lembrando seus atos. Mas aos poucos a cidade foi crescendo em importância, em especial graças a seu comércio com outras povoações maias da Guatemala, tribos não-maias do sul e do leste e mesmo algumas civilizações tão distantes como o grande império Teotihuacán, ao norte.

Em 553, com a ascensão ao trono de Lua Jaguar, o décimo rei da dinastia iniciada pelo poderoso xamã Grande Senhor do Sol Quetzal Arara, teve início o período das grandes construções na cidade. Ele mandou erguer o templo Rosalila, uma admirável obra arquitetônica descoberta em 1989, que estava enterrado sob as estruturas de um outro templo, mandado construir por um rei que sucedeu Lua Jaguar anos mais tarde.

Atualmente, graças aos túneis abertos pelos arqueólogos, uma nova técnica para descobrir monumentos abaixo das ruínas sem a destruição das construções superiores, me foi possível admirar Rosalila no local onde fora construído, uma emoção impressionante. Originalmente pintado de vermelho escuro e decorado com finíssimos baixos-relevos, podia-se ter uma idéia mais precisa da habilidade dos escultores maias de tão distante época.

Um vassalo

A habilidade dos maias, contudo, não havia desaparecido por completo, embora suas energias no momento estivessem sendo canalizadas para outras atividades, vamos dizer, não tão nobres: ganhar a vida. Talvez sobreviver e alimentar a família numa região tão pobre seja ainda mais nobre do que talhar estátuas, tudo depende do enfoque dado às realizações humanas.

Ao ganhar a credencial para entrar no sítio arqueológico recebi uma autorização extra para conhecer o museu e os túneis que levam ao interior dos templos, alguns deles ainda em escavações. Os ingressos são vendidos separadamente e muitos visitantes abrem mão de percorrer os túneis, precisariam pagar mais 12 dólares além dos dez para entrar em Copán e os cinco para visitar o museu.

Quando eu estava descansando nas escadarias da praça dos Jaguares, esperando para entrar no túnel que levava ao templo Rosalila, um pouco abaixo, um senhor se aproximou e começou a me contar que havia trabalhado com os arqueólogos que encontraram Rosalila. Achei interessante, queria saber da emoção do homem quando da descoberta, mas ele estava interessado em outro negócio.

— Se o senhor desejar — ele foi dizendo, sem muitos rodeios —, posso lhe conseguir ingresso para entrar no túnel pela metade do preço cobrado na recepção do parque.

Eu não precisava, minha credencial me dava acesso ilimitado dentro do sítio arqueológico, mas fiquei curioso para saber como ele conseguia os ingressos.

— Nem precisa ingresso — ele explicou. — Levo-o até a entrada do túnel e o vigia o deixa entrar, ele é meu amigo.

Dividem o dinheiro, pensei. Juan me contou que estava desempregado, precisava fazer algo para sustentar a família. Se eu quisesse, por um pequeno valor ele me guiaria numa visita entre as ruínas, me cobraria apenas a metade do que cobram os guias oficiais, e ainda teríamos mais tempo para a visita. Se eu fizesse questão, ele me levaria a alguns lugares proibidos aos visitantes.

Eu não queria nem uma coisa nem outra, não precisava de seu auxílio. Se necessitasse talvez recorresse a seus préstimos, afinal o velho maia precisava ganhar a vida. Ele não sabia esculpir imagens de deuses, sacerdotes ou reis, sua arte se resumia ao trabalho braçal ou a pequenos trambiques quando estava desempregado. Essa era a atual realidade do Novo Mundo, bem menos instigante do que os esplendores encontrados pelos primeiros europeus a aportar por estas bandas.

Essa era a nova realidade do outrora orgulhoso povo maia, um choque com a imagem romântica que todos temos dessa antiga civilização. Eu tinha ali na minha frente de um lado o passado glorioso formatado em pedras milenares, impassíveis ao tempo, e de outro o presente fugidio, frágil, uma história humana que poderia ser aniquilada sem deixar vestígios. Caso aquele homem e sua família morressem de fome, ninguém lhes ergueria uma estátua, turistas não acorreriam para visitar suas sepulturas. Ele sabia disso, não se iludia com o passado de seus ancestrais, procurava apenas sobreviver no presente sem esperar nada do futuro.

Era um contraste muito grande com os fantasmas históricos que eu estava imaginando se moverem por entre aquelas pirâmides suntuosas. Resolvi então espantá-los e me concentrar em meu amigo de carne e osso: ofereci-lhe trabalho, podíamos nos ajudar mutuamente. Paguei-lhe o valor equivalente ao ingresso no túnel para ele posar para algumas fotos, o que ele fez de muito bom grado.

Nos dirigimos para a Grande Praça, ou praça das Estelas, onde estão os enormes monólitos esculpidos com as efígies dos reis de Copán. As estelas de melhor qualidade artística foram entalhadas entre 613 e 738, no momento de maior esplendor da cidade. Os baixos-relevos, mostrando os reis com seus trajes típicos, foram pintados de roxo, ainda pude ver vestígios de tinta numa das estelas. Algumas possuíam pequenos altares onde eram depositadas as oferendas e se realizavam sacrifícios — segundo alguns historiadores, humanos.

O quadro formado pela imagem de Juan enfiado numa calça jeans e usando um grande chapéu de caubói, ao lado da estela com a imagem do rei Dezoito Coelhos, construída em 731, a obra mais bonita do complexo, ficou pateticamente perfeito. O mesmo povo visto em duas épocas, duas dimensões arrasadoras de uma mesma realidade.

Despedi-me de Juan, precisava ficar sozinho para continuar minha viagem ao passado glorioso dos maias, o presente desses homens não me interessava tanto. Pelo menos, por enquanto. Queria estudá-lo, sim, mas no fim da expedição, no interior da Guatemala, onde eles ainda preservam suas mais caras tradições. Juan sorriu, apertou-me a mão e saiu a passos, precisava encontrar alguém capaz de sentir-se motivado pelo desconto de seis dólares e topasse conhecer o verdadeiro templo Rosalila.

Os últimos reis

Após Lua Jaguar, uma série de reis longevos governou Copán, dando à cidade a estabilidade que a levou a seu esplendor. Numa época em que tanto as cidades-estado dos maias quanto os outros povos viviam em constante guerra, destruindo-se uns aos outros, a comunidade do vale Copán se manteve unida trabalhando pela grandiosidade de seu reino. Essa política favoreceu o fortalecimento da cidade, capaz de repelir todos os ataques inimigos a que fora submetida.

Fumaça Imix, o 12º rei, assumiu o trono em 628 e governou por 68 anos, mandando construir mais monumentos do que qualquer outro rei. O rei Dezoito Coelhos também foi um grande construtor, dando a forma atual à Grande Plaza e ao estádio de futebol. Ele encorajou o desenvolvimento das esculturas, desde os baixo-relevos da época até os novos estilos que surgiam, gerando as peças mais nobres que chegaram a nossos dias; grande parte delas pude ver mais tarde no museu. Elas haviam sido retiradas de seus locais originais, para serem mais bem preservadas, substituídas pelas réplicas mantidas ao relento.

Apesar de toda essa ênfase dada às artes e de seu curioso nome, o rei não teve a merecida sorte, e seu reinado terminou numa grande tragédia pessoal. Ele foi capturado numa batalha contra a cidade vizinha de Quiriguá, um antigo Estado vassalo de Copán, e decapitado em 738.

Em virtude do inglório final do rei Dezoito Coelhos, seu sucessor, Fumaça Macaco, não ergueu nenhuma estela em sua honra e mandou construir apenas um templo em seus 11 anos de poder. Ele aparentemente dividiu seu governo com um conselho formado por nobres, levando o regime para um caminho totalmente novo no mundo da época, no qual os reis tinham poder absoluto sobre tudo e todos no reino.

Seu sucessor, Fumaça Caracol, numa tentativa de levar sua dinastia ao tempo das grandes glórias, mandou construir a impressionante Escada dos Hieróglifos, a mais longa inscrição hieroglífica conhecida nas Américas, 2.500 grifos narrando o glorioso passado de Copán. Esse complexo sistema de hieróglifos, descrevendo tanto a vida comum como os atos de bravura dos nobres, só podia ser lido pela elite educada do reino, mas era motivo de grande admiração pelos embasbacados camponeses.

Infelizmente, pelo fato de a cidade já estar entrando em decadência, a obra não foi construída com a mesma solidez dos templos mais antigos, sendo destruída por um terremoto. Ela ainda está sendo restaurada, mas a recolocação das pedras não obedeceu à ordem original, os arqueólogos não sabiam como fazê-lo, impedindo que se leia com exatidão suas inscrições. Mesmo assim, minha emoção diante desse monumento foi extremamente densa, impossível não sucumbir perante a beleza arquitetônica da obra.

Yax Pac, o último líder a completar seu reinado, governou a cidade por 58 anos e tentou legitimar seu governo por meio da veneração do culto a Jaguar Tlaloc, baseado no sacrifício de animais e seres humanos. Um dos mais importantes monumentos mandados construir por ele foi o agora famoso Altar Q, um quadrado de pedra em cujas laterais estão esculpidos os 15 reis que se sucederam no trono de Copán. Numa das cenas, o fundador da dinastia, o xamã Grande Senhor do Sol Quetzal Arara passa o bastão do poder a Yax Pac. Embora o ambicioso rei não tivesse tal intenção na época, ele acabou transmitindo para a nossa civilização um resumo da história dos maias em Copán.

Seu sucessor, o 17º rei de Copán, foi U Cit Tok'. Ele assumiu o trono em 822, mas, por alguma razão ainda desconhecida dos historiadores, não concluiu seu governo. O Altar L, mandado construir para comemorar seu reinado, ficou pela metade, sugerindo que a dinastia fundada pelo xamã Grande Senhor do Sol Quetzal Arara foi abruptamente extinta.

Ainda visitei os arredores da cidade, sua área residencial, antigos cemitérios, uma caminhada e tanto. Tinha um pouco de sol e me embrenhei pelas trilhas em meio à selva. Percorri solitariamente grandes distâncias no mais absoluto silêncio humano, acompanhado apenas pelo alarido das aves. Indiferentes à minha presença, elas se agitavam em busca de um galho seguro para pernoitar. Volta e meia me sobressaltava com os barulhos rasteiros provocados pelos pequenos roedores disparando em direção às profundezas da floresta.

Ao sair do parque, quase noite, fui chamado por um guarda com um recado do administrador geral do sítio, ele queria me ver. Fui até a casa do simpático senhor e ele me disse que tinha um presente para mim: minha credencial de jornalista!

Quando solicitei permissão para entrar nas ruínas, esqueci de pegá-la novamente com a funcionária da recepção e nem me dei conta. Fiquei muito agradecido e quando voltei no dia seguinte, para visitar o museu, dei-lhe de presente uma camiseta da seleção brasileira de futebol, um regalo que sempre levo para ocasiões como essa. Fiquei aliviado por ter meu documento de volta e ele ficou feliz pela autêntica lembrança do melhor futebol do mundo, uma camiseta pela qual eu pagara dez reais aos camelôs no centro de Porto Alegre.

Guatemala I

Fronteira

Eu estava a apenas 12 quilômetros da fronteira com a Guatemala, uma caminhada de três horas por uma bela estradinha sobre as montanhas com uma maravilhosa vista dos vales lá embaixo, novamente cobertos por plantações de milho e café. Ao longe podia avistar, esparramadas entre as lavouras, as pequenas casas com suas famílias enormes, diversas gerações ocupando o mesmo teto. Cada filho que nascia era uma enxada a mais na roça, embora fosse também uma boca a mais para se alimentar da natureza.

Após séculos de inatividade, as terras baixas haviam recuperado a fertilidade e agora voltavam a ser povoadas pelos descendentes dos velhos guerreiros. Reagrupados, os sobreviventes do grande colapso retomavam suas tradições agrícolas, produzindo alimentos para serem levados às aldeias, vilas e cidades das redondezas. Assentamentos urbanos que não paravam de crescer, exigindo cada vez mais do solo, colheita após colheita, a velha história se repetindo desde seu começo.

Saí com o clarear do dia, para aproveitar o frescor do início da manhã, hora em que o sol conferia uma coloração especial às colinas cobertas de árvores e às várzeas verdejantes. A mochila pesava mais do que o necessário, mas a pequena barraca, o minúsculo fogareiro e um pouco de comida desidratada me davam garantias de um pernoite tranqüilo caso me perdesse em meio ao sobe-e-desce do acidentado terreno hondurenho.

Finalmente cheguei na fronteira da Guatemala, meu primeiro contato com o país em que a maioria da população ainda é maia, um povo sofrido que nem de longe lembra seus orgulhosos ancestrais. Mesmo assim, além de conhecer o principal sítio arqueológico do Mundo Maia, eu pretendia descobrir como vivem hoje os descendentes dos grandes reis que habitaram essa parte da América Central numa época em que sequer se imaginava que um dia existiria um país chamado Brasil.

Para sair de Honduras precisei pagar uma taxa de dois dólares. Em um mesmo prédio carimbei meu passaporte nas aduanas de Honduras e da Guatemala, uma das grandes vantagens de se cruzar uma fronteira num local pequeno e sem movimento algum, embora algumas providências especiais devessem ser tomadas.

Para um guatemalteco, que se esmera para manter uma boa aparência, fica difícil entender por que um estrangeiro, alguém que ele considera mais rico do que ele próprio, se vista com roupas velhas, rasgadas ou mesmo sujas, o uniforme tradicional de qualquer andarilho. Ficaria difícil explicar-lhe que esse aparente desleixo serve para manter afastados os salteadores de estrada, pouco atraídos por alguém tão pobre quanto eles. Esmerei-me na roupa, endireitei a mochila nas costas, fiz uma pose de matar de inveja um oficial do exército prussiano, e fui em frente, passos largos e decididos.

Os guardas da aduana estão acostumados com as grandes excursões, nas quais grupos de turistas viajam constantemente entre Copán e Antigua. Mas eles cruzam a fronteira sem descer do ônibus, preferem evitar o encontro com a pequena população local, homens e mulheres melancólicos e sem esperanças, crianças maltrapilhas vendendo doces caseiros e sucos naturais. Almas humanas vagando na periferia do mundo industrializado não atraem os olhares estrangeiros, mais interessados nas ruínas do passado.

Para que estragar tão belo passeio pela grandiosidade da História entrando em contato com esse povo tão pobre? Só para ficar com a consciência pesada, sentir-se culpado por existir tanta gente passando fome no mundo? Assim, melhor deixar os guias das agências de viagens se incumbirem dos trâmites burocráticos, rito facilitado por uma boa gorjeta para não atrasar a doce viagem dos gringos.

Aproveitei para trocar minhas notas de lempiras por quetzales com os tradicionais cambistas que proliferam nesses lugares. Vendi também minha última nota de dez dólares americanos (uma reserva secreta) por 75 quetzales, um pouco abaixo da cotação oficial de 8,17. As cédulas traziam efígies dos próceres ladinos de um lado e estampas da Guatemala moderna no verso, como uma sessão da Assembléia Nacional. Dos antigos maias, apenas algumas pequenas figuras desbotadas, mais uma curiosidade do que uma homenagem.

Descansei alguns minutos sob um grande cedro, árvore muito utilizada na época maia para a construção de canoas. Aproveitei o tempo ocioso para perguntar a um velho senhor sobre o caminho a seguir, onde poderia embarcar num ônibus com destino ao norte do país.

— Basta continuar andando — ele disse, apontando para a continuação da estrada. — Há uma vila adiante, El Florido.

— O senhor sabe se de lá partem ônibus regulares para Rio Hondo?

— O senhor pode viajar a qualquer lugar do mundo de ônibus — ele disse.

Era verdade, isso eu sabia havia tempos. Mas eu não desejava viajar a qualquer lugar do mundo; queria ir apenas até Rio Hondo.

— De El Florido saem ônibus para Rio Hondo? — insisti.

— Claro — ele respondeu com um certo ar de impaciência. — De El Florido saem ônibus para qualquer lugar do mundo.

El Florido, que para muita gente é o fim do mundo, para esse velho maia é o centro, de onde partem ônibus para todas as periferias. Sem dúvida, ele mantinha um certo orgulho de viver na região, e isso me comoveu. Nem tudo estava perdido no Mundo Maia. Como num borralho, ainda era possível descobrir brasas acesas embaixo das cinzas, bastava um pouco de combustível para reanimar a fogueira.

Ao longo do caminho fui descobrindo que nas comunidades mais isoladas ainda se podia sentir um pouco da glória do passado no olhar de cada homem. Semi-isolados do mundo moderno, continuavam valorizando seus antepassados, vivendo dentro de uma perspectiva bem mais complexa do que apenas lutar pela sobrevivência diária. Nas cidades, no entanto, ou nos lugares muito visitados por turistas estrangeiros, os objetos de desejo do mundo industrializado intimidavam a alma desses homens, jogando-os em profunda melancolia.

Despedi-me dele, agradeci pela informação, e caminhei 1,2 quilômetro até à pequena El Florido, a primeira aldeia em território guatemalteco. Antes de chegar no povoado, no entanto, troquei minha bermuda por uma calça comprida, não queria chocar os moradores com minha roupa extravagante. Embora ela batesse no joelho, esse tipo de vestimenta, para o pessoal da redondeza, deve ficar restrito à praia.

Ainda antes do meio-dia embarquei numa camioneta com destino a Chiquimula, 58 quilômetros adiante. O feliz proprietário do velho veículo fazia aquela linha sempre que havia passageiros, e eu tive sorte, pois quando cheguei faltava apenas uma pessoa para completar a lotação. Mesmo assim, no caminho fomos parados por uma patrulha da polícia rodoviária e ele precisou pagar 30 quetzales.

— Preciso pagar essa propina sempre que passo neste lugar — ele me disse.

— O carro tem algum problema? — perguntei

— Não.

— Você não tem licença para transportar passageiros?

— Tenho.

— Então por que você precisa dar dinheiro para eles?

— Todo mundo dá.

Passamos pelas vilas de Camotán, Jacotán e Vado Hondo e duas horas mais tarde chegamos em Chiquimula, onde peguei um colorido ex-ônibus escolar norte-americano, continuando meu périplo para o norte. Foi minha primeira viagem no que os turistas apelidaram de *chicken bus*, por certo uma vingança da palavra pejorativa *gringo* com que todos os estrangeiros, especialmente os de fala inglesa, são chamados na América Central. Passei pelas cidades de Zacapa e Estanzuela e entrei no vale do rio Motagua, uma quente região conhecida por Trópico Seco, antigo hábitat natural dos dinossauros.

No museu arqueológico de Estanzuela existem algumas ossadas desses animais pré-históricos, bem como o de uma preguiça gigante com 30 mil anos de idade. No fim do dia cheguei em Rio Hondo, 35 quilômetros ao norte de Chiquimula, na *carretera al* Atlântico, um importante entroncamento rodoviário da região central do país.

Rio Hondo está a 130 quilômetros da Cidade da Guatemala, a oeste. Mas eu pretendia viajar em sentido contrário, para o leste, pelo menos até La Ruidosa, onde dobraria para o norte e seguiria para Tikal, a mais importante cidade maia na Guatemala. Pernoitei numa *hospedaje* perto da rodoviária, acomodação suficiente apenas para tomar um banho, guardar a mochila e me deitar numa cama enferrujada, cheia de rangidos.

Não havia caixas eletrônicos na cidade, assim não pude testar meus cartões bancários. Tinha dinheiro para custear minhas despesas até Tikal, porém não muito mais que isso. Caso precisasse bancar algum gasto extra, precisaria sacar quetzales, o estresse continuava.

Eu torcia para que meus problemas financeiros houvessem se restringido a Honduras e tudo voltasse a funcionar normalmente na Guatemala. Mas, precisava admitir, era apenas uma esperança meio vaga. Não tinha motivos para crer que o sistema bancário da Guatemala repetisse os mesmos problemas de Honduras, mas também não tinha motivo algum para imaginar o contrário.

No jantar saboreei um *prato típico* (salada, carne, arroz, feijão, queijo e tortilhas) e um *licuado* (batida) de cacau, ambos degustados num *comedoro* numa das esquinas perto da *carretera al* Atlântico. Pelo que eu já havia lido sobre os maias da Guatemala, sabia que um dos mais poderosos reis de Tikal se chamava Ah Cacau, uma idéia da importância dessa fruta na cultura local. Suas sementes eram utilizadas como moeda nas transações comerciais com o restante do mundo, sua polpa abastecia a mesa dos reis, nobres e sacerdotes. Tomar uma batida de cacau no jantar me deixava mais perto dos costumes da realeza maia.

Quando o dono do pequeno restaurante viu minha cara de gringo, logo imaginou-me com os bolsos abarrotados de dólares e me ofereceu um assado de coelho. Não aceitei por três motivos: o coelho é uma espécie em extinção nessa região, não pretendia agravar a situação. Não que um coelho a menos fosse fazer tanta diferença, eles se reproduzem com mais rapidez do que eu conseguiria devorá-los, mas estimularia o comércio. Expliquei que era brasileiro, ganhava a vida em reais e não podia ficar esbanjando *plata* pelo mundo afora. Além disso, comer coelho me lembraria da infeliz morte do rei Dezoito Coelhos, decapitado pelo rei de Quiriguá.

Cacau sim, coelho não.

Como não havia nada para fazer após o jantar, voltei para o hotel e aproveitei o descanso para colocar em dia minhas leituras sobre a Guatemala. A história desse povo é uma das mais sofridas do mundo, apenas lê-la já me deixava deprimido.

Conquistadores

Conhecido como o País da Eterna Primavera, por causa da altitude média de suas terras, especialmente na parte oriental, essa nação centro-americana formada por 11,2 milhões de habitantes está entre as mais pobres do mundo. Um terço de seus moradores é analfabeto, muitos sequer conhecem o espanhol, a língua oficial, resumindo-se a falar algum dos dialetos maias que ainda sobrevivem à ocupação espanhola.

Os conquistadores, tão logo destruíram os astecas no México, marcharam para o sul, em direção à Guatemala, em busca de mais riquezas, aonde chegaram em 1524. Pedro de Alvarado, um dos oficiais mais cruéis de Fernando Cortez, invadiu a Guatemala à frente de um exército de 600 soldados espanhóis e indígenas mexicanos a cavalo. Portando armas de fogo, derrotaram os maias, especialmente porque os nativos, em vez de se unirem contra os invasores, lutavam também entre si, enfraquecendo a resistência.

Não havia na época uma noção de unidade no Mundo Maia. As rivalidades locais moldavam a vida na região e quando algum estrangeiro aparecia era logo visto como alguém capaz de ajudar a derrotar o inimigo tradicional. Assim, os maias do grupo lingüístico *cakchiquel* se uniram aos europeus na luta contra os maias do grupo lingüístico *quiché*.

Os *quiché*, isolados, embora tivessem lutado bravamente não resistiram aos exércitos espanhóis acrescidos de indígenas incorporados no México e dos próprios maias rivais. Tratava-se de uma força multinacional, e, como hoje, o povo local logo se deu conta do tamanho da desgraça a ser enfrentada. Por mais corajosa que seja uma população, não é páreo para exércitos profissionais, mercenários que matam, e morrem, por dinheiro.

Para Pedro Alvarado, o auxílio dos *cakchiquel* foi fundamental graças ao conhecimento que eles tinham das técnicas de guerra local e do território onde se travaram as batalhas. Os espanhóis instalaram seu primeiro quartel-general na Guatemala nas proximidades de Iximché, a capital dos *cakchiquel*, perto da atual cidade de Quetzaltenango. O nome do país procede de Quauhtlemallan, terra de muitas árvores, nome que os invasores indígenas mexicanos deram a Iximché, simplificado pelos espanhóis para Guatemala.

As boas relações entre os espanhóis e os *cakchiquel* se deterioraram quando os maias não conseguiram satisfazer a crescente demanda de ouro dos europeus. Ao contrário do que os nativos imaginavam, os exércitos vindos do norte não chegaram para auxiliá-los na luta contra os *quiché*, mas em busca de riquezas materiais, especialmente ouro e prata. Também não era intenção dos espanhóis, num primeiro momento, colonizar as novas terras.

Irritado, o sanguinário Pedro de Alvarado se revoltou contra seus aliados *cakchiquel*. Entre muitas atrocidades, mandou incendiar Iximché, destruindo completamente a cidade maia. Os nobres, os sacerdotes e os líderes militares foram presos, torturados e queimados vivos, um exemplo do tratamento a ser dispensado a todos os hereges que se rebelassem contra os cristãos europeus, tudo em nome de Deus e da Virgem Maria.

A partir desse incidente, o bárbaro espanhol percorreu toda a Guatemala em busca de fama e fortuna, assassinando pelo caminho os nativos que lhe oferecessem alguma forma de resistência. Armados com a nova tecnologia militar trazida da Europa, acrescida de suas doenças tradicionais, eles espalharam chumbo e germes por onde passavam, o maior flagelo que já assolou a América Central, só comparado às invasões dos Estados Unidos nos anos mais recentes.

Após os primeiros anos, quando a coroa espanhola tomou posse das terras em definitivo, a população indígena da Guatemala foi obrigada a trabalhar como escrava em suas próprias terras, enriquecendo os invasores. Quem se negasse a fazê-lo era torturado até a morte, suas choupanas queimadas e os familiares desterrados.

Com a chegada dos padres católicos a situação dos nativos melhorou um pouco, os religiosos estavam mais interessados na alma dos indígenas do que nas riquezas da terra. O frei dominicano Bartolomé de Las Casas convenceu o imperador Carlos V a transformar as populações locais em vassalos, homens livres capazes de pagar impostos. A situação melhorou um pouco, mas os indígenas continuaram sendo explorados pelos novos donos das terras, os espanhóis e os *criollos*, os filhos dos espanhóis nascidos no Novo Mundo, a nova classe dominante.

Bartolomé de Las Casas e outros freis dominicanos, franciscanos e agustinos começaram um lento trabalho de evangelização e os indígenas adotaram o cristianismo. Para facilitar o entendimento da nova religião, os padres aceitaram que as cerimônias católicas se mesclassem às crenças animistas e aos rituais das antigas religiões maias, algo que perdura até os dias atuais. Quando os religiosos voltaram para a Espanha, as tradições maias foram retomadas e hoje, em algumas comunidades, tem-se a impressão de que se está assistindo ao surgimento de uma nova religião.

Independência

Em 1821, os *criollos*, descontentes com as dificuldades de ascensão econômica e social perante os ibéricos, declararam a independência do país. A vida dos indígenas, no entanto, em nada mudou, pois eles formavam o estrato mais desfavorecido da sociedade, abaixo dos mestiços, dos *criollos* e dos brancos. Os negros, originários dos antigos escravos trazidos da África para trabalhar no Caribe, e os maias viviam no mais completo abandono, utilizados como mão-de-obra quase escrava nas grandes plantações, especialmente no altiplano próximo ao oceano Pacífico.

Após se livrar de uma breve anexação pelo México, o país se juntou a El Salvador, Nicarágua, Honduras e Costa Rica para formar a Federação Centro-americana, presidida pelo hondurenho Francisco Marazán, um general liberal. Ele instituiu uma reforma progressista entre os membros da Federação: buscou integrar as economias emergentes dos novos países aos mercados mundiais, diminuiu o poder da Igreja e procurou acabar com a grande diferença entre a classe rica dos *criollos* e a classe miserável dos indígenas.

Lamentavelmente, no entanto, o sonho de união entre as novas nações se desfez em poucos anos em meio às intrigas de suas elites. Iniciou-se um movimento separatista comandado pelos grandes proprietários de terra e a Guatemala se declarou um Estado independente em 1840. Para uns o início de um sonho repleto de poder e riqueza; para outros, a grande maioria, apenas a continuidade do pesadelo.

A partir dessa época o poder passou a ser dominado pela corrupção política e pelas atitudes ditatoriais em benefício das classes dirigentes: empresários, militares e latifundiários. Os governos adotavam como técnica administrativa a intimidação do povo por meio das atividades militares secretas, nas quais os oposicionistas eram presos e condenados sem passarem por qualquer instância judicial. Reproduzia-se no país, entre pobres e ricos, a mesma relação de dominação pelo medo havida entre os conquistadores espanhóis e os nativos.

As classes dirigentes se dividiram em dois grupos: os conservadores, formados pela elite econômica urbana, a Igreja católica e os grandes proprietários de terra, e os liberais, os primeiros a lutar pela independência do país. Embora em partidos políticos opostos, não havia uma real diferença programática entre as duas correntes. Ambas lutavam pelo poder, na maioria das vezes apenas para conseguir benesses para si e seus aliados, bem ao estilo ibérico.

Em 1844, após uma revolta indígena, o líder mestiço Rafael Carrera assumiu o poder, trazendo novas esperanças para a população pobre, sobretudo nas áreas rurais. Ele governou durante 20 anos, mas sua administração foi uma grande decepção popular. Extremamente conservador, Carrera revogou a maioria das conquistas implantadas pelo liberal Francisco Marazán.

Além disso, ele ingenuamente cedeu aos britânicos o controle sobre o território de Belize em troca da construção de uma estrada ligando a Cidade da Guatemala à Cidade de Belize, no Atlântico. A rodovia nunca foi construída e os pedidos de compensação por parte da Guatemala jamais foram levados em conta pelos britânicos, dando origem a uma disputa que ainda perdura. Sempre que a Guatemala ou Belize enfrenta problemas políticos internos, a questão é levantada, uma forma de desviar a atenção do povo para um inimigo externo.

Na área destacada em verde (região da América Central), a extensão geográfica alcançada pela civilização maia.

Trecho da trilha de pegadas pré-históricas em Manágua, capital nicaragüense.

Em Manágua, monumento a Augusto Sandino, líder rebelde nicaragüense que influenciou movimentos de libertação por toda a América Central.

Um típico ladino nicaragüense.

A pequena cidade de Copán, Honduras, que preserva as ruínas maias.

A arara, ave símbolo dos maias, pode ser encontrada na selva em Copán.

Homem maia ao lado da estela do rei Dezoito Coelhos, em Copán.

Escultura típica de Copán.

Moradora de Flores, Guatemala.

Ceiba, árvore sagrada dos maias, em Tikal, Guatemala.

A mais antiga pirâmide de Tikal, construída no ano 700 a.C.

Em Tikal está o templo do Grande Jaguar, mausoléu do rei Ah Cacau.

Templo V, em Tikal, com 58 metros de altura.

O diretor George Lucas usou a floresta de Tikal como cenário do filme *Guerra nas Estrelas*.

Típico belizense.

Um dos grandes crocodilos que povoam o New River, no Belize.

Pescador do New River, perto de Lamanai.

O mais alto templo de Lamanai, com 33 metros de altura.

Maronitas em frente à pirâmide maia na selva de Lamanai.

Defumação contra os maus espíritos no mercado de Chichicastenango.

Ritual pagão na escadaria da igreja de São Tomás, em frente ao mercado de Chichicastenango, Guatemala.

Habitantes de Quetzaltenango, Guatemala.

Igreja de San Juan Chamula, México. A indisfarçável influência da cultura européia.

Cozinha maia em San Lorenzo Zinacantán, México. *Doña* Santa preparava deliciosas tortilhas.

Mulheres maias vendendo artesanato nas ruas de San Cristóbal de las Casas.

Mulher maia em Chiapas.

Cidade colonial de San Cristóbal de las Casas, no estado mexicano de Chiapas.

Mausoléu do rei Pakal. Palenque, México.

Rei U Pakal K'inich, governante de Palenque entre 736 e 742 a.C.

Turistas diante do observatório astronômico maia. Chichén Itzá.

Cenote (poço de sacrifícios). Chichén Itzá.

Pirâmide de Kukulcán. Chichén Itzá, México.

Tulum, no Caribe mexicano, antigo porto marítimo dos maias.

Interior de uma tumba maia. Museu de Chetumal, México.

Desenho de um nobre maia pintado no interior de uma tumba. Museu de Chetumal.

Templo da Máscara, em Lamanai.

A selva vista do topo do mais alto templo de Lamanai.

Área interna do mercado de Chichicastenango.

A "praça de alimentação" do mercado de Chichicastenango.

Peregrina guatemalteca usando a *kaperraj*, tradicional cobertura para a cabeça.

Deus criou o primeiro ser humano a partir do milho, ainda hoje o principal alimento dos maias.

Santuário Pascual Abaj, nos arredores de Chichicastenango. Sagrado ao deus Huyup Tak'ah, o local é considerado o mais importante do Mundo Maia atual.

Yes, nós temos bananas

Outra figura ímpar na história do país foi o presidente Estrada Cabrera, que governou ditatorialmente de 1898 a 1920. Apesar de alguns avanços técnicos, seu governo criou tantos impostos para financiar seus projetos megalomaníacos que acabou exaurindo a riqueza da população, exceto da oligarquia dirigente. Como mandava — e em certos lugares ainda manda — a tradição da época.

O velho ditador, feito um Salazar dos trópicos, se imaginava portador de muita luz e cultura num país atrasado e se autodenominava "professor e protetor da juventude guatemalteca". Mandou construir alguns templos em homenagem a Minerva, a deusa romana da sabedoria, um dos quais cheguei a visitar em Quetzaltenango, na parte final da viagem.

Nada pode ser mais surrealista do que esse templo. Erguido no altiplano, na sombra do vulcão Santa Maria, com seus 3.772 metros de altitude, a estrutura peca pela falta de originalidade e por seu exotismo cultural, algo capaz de matar de tristeza os arquitetos maias do passado.

Em 1870, no primeiro ano em que os Estados Unidos importaram bananas da Guatemala, a maioria dos norte-americanos ainda não conhecia essa fruta. Menos de 20 anos depois, eles consumiam 16 milhões de cachos por ano.

Em 1901, favorecida pelo presidente Estrada Cabrera, a empresa norte-americana United Fruit Company se instalou na Guatemala, moldando a vida econômica e política do país por mais de meio século e impedindo, com seu enorme poder, o avanço democrático na região. Aliança entre a Boston Fruit Company e o magnata das ferrovias da América Central, Minor Keith, o objetivo da nova empresa era adquirir e cultivar extensas áreas de terra.

Utilizando métodos modernos de produção e uma administração voltada para o lucro, iniciou-se um período de grandes colheitas de banana na Guatemala. Transportada pela ferrovia de Minor Keith até a costa e embarcada para os Estados Unidos, o negócio se mostrou altamente rentável, induzindo os governos vizinhos a facilitar a compra de extensas zonas de selva a preços de banana.

A United Fruit Company abriu estradas, ampliou a malha ferroviária e construiu um grande embarcadouro em Puerto Barrios, empregando um elevado número de trabalhadores. Em 1930, era o maior empregador da América Central. Sua empresa de transporte marítimo, a Great White Fleet, se tornou uma das maiores companhias de navegação do mundo, controlando todo o comércio internacional de bananas. A lucratividade do grupo era fantástica, remunerando com altos dividendos seus investidores nos Estados Unidos. Gozava, por isso, da simpatia e da cobertura política de Washington.

A imprensa centro-americana a chamava "El Pulpo" e a acusava de subornar funcionários do governo, explorar os trabalhadores e exercer influências muito além das suas atribuições como empresa estrangeira. Em suas propriedades, os indígenas eram obrigados a ceder o passo aos brancos e tirar o chapéu sempre que se dirigiam aos funcionários norte-americanos.

Seguindo o figurino adotado nos Estados Unidos, a El Pulpo tratava seus empregados de modo paternalista. Embora eles trabalhassem muitas horas sob péssimas condições, seus salários eram sempre mais altos do que os pagos pelos fazendeiros locais. Alem disso, recebiam alojamento, cuidados médicos e muitas vezes colégio para seus filhos.

Reforma agrária

O liberal Juan José Arévalo, que governou entre 1945 e 1951, sobreviveu a 25 tentativas de golpe de Estado, todas protagonizadas pelas forças militares conservadoras. O novo presidente, Jacobo Arbenz, tentou fazer uma reforma agrária expropriando as grandes extensões de terras cedidas à United Fruit Company. Ele as indenizou de acordo com os valores estipulados pela empresa em sua declaração fiscal, obviamente muito inferior ao preço real das propriedades, uma artimanha utilizada pela multinacional para desviar impostos.

Mesmo indenizada de acordo com seus próprios valores, essas medidas desagradaram tanto aos donos da empresa, em Boston, como aos políticos, em Washington. A maior parte das autoridades norte-americanas mantinha estreitos laços com a companhia, financiadora de campanha eleitorais; outros se tornaram simpáticos à causa da empresa graças a uma poderosa e caríssima campanha publicitária empreendida contra o presidente Arbenz.

A idéia de Arbenz era distribuir as terras desapropriadas para pequenos proprietários cultivarem produtos alimentícios. Em 1954, os Estados Unidos, para protegerem a United Fruit, invadiram a Guatemala a partir de Honduras. A operação, liderada por dois oficiais guatemaltecos exilados e com a alegação de combater o comunismo, foi uma das primeiras atividades secretas da CIA, então criada para atuar na Guerra Fria.

O presidente Jacobo Arbenz foi obrigado a renunciar e a reforma agrária não chegou a se materializar. Seu substituto, classificado pela CIA como "libertador", foi Carlos Armas, um militar da velha escola acostumada a governar levando em conta muito mais os interesses dos Estados Unidos do que os de seu próprio país. Ele implantou uma violenta ditadura militar, jogando a Guatemala uma vez mais no caos econômico e político.

A poderosa United Fruit Company dava as cartas na América Central, mas não tinha o mesmo poder na América do Norte. Alguns anos depois da intervenção militar norte-americana na Guatemala, o Departamento de Justiça dos Estados Unidos a condenou por práticas monopolistas. Havia muito ela vinha impedindo o exercício do livre-comércio em território norte-americano, atrapalhando a vida das empresas concorrentes com seus métodos administrativos baseados na corrupção e no suborno das autoridades governamentais.

A empresa foi obrigada a desmembrar-se, vendendo algumas operações para a rival Standart Fruit, perdendo também seu monopólio ferroviário. Em 1960, com a febre das fusões, a United Fruit foi incorporada pela United Brand. Esta, na década de 1970, vendeu suas propriedades guatemaltecas para a Del Monte. A Standart Fruit, atualmente parte das Corporações Dole, e a Del Monte, seguem operando na Guatemala.

Guerra Civil

Nos anos seguintes ao golpe comandado pelos Estados Unidos a Guatemala foi governada por uma série de presidentes militares eleitos com o apoio do exército, empresários, partidos políticos conservadores e da Igreja católica. A violência política se instalou de forma definitiva no país, opositores do governo apareciam mortos ou desapareciam. O programa de reforma agrária foi revogado, anulou-se a possibilidade de os analfabetos votarem, o que deixava 75% da população à margem das eleições. Criou-se uma polícia secreta e a repressão militar se estendeu por toda a nação.

Em 1960, começaram a se formar grupos guerrilheiros de esquerda.

A violenta repressão levou à total politização da sociedade, o povo tomando parte nos embates nacionais. O enfrentamento se polarizou entre as classes mais pobres das zonas rurais e a elite econômica das grandes cidades. A nação se dividiu, os poderosos não abrindo mão de seus privilégios, as hordas miseráveis dos campos lutando pela própria sobrevivência.

Em 1976, um forte terremoto causou a morte de 22 mil pessoas e deixou cerca de um milhão sem moradia. A maior parte da ajuda internacional enviada aos desabrigados nunca chegou a seu destino, acabando nas contas bancárias dos políticos corruptos. Em 1979, a Anistia Internacional divulgou um relatório afirmando que mais de

50 mil pessoas já haviam morrido na guerra civil, sem contar os desastres naturais.

Na década de 1980, a repressão militar contra os opositores alcançou seu ponto máximo, em especial durante a presidência do general Efraín Rios Montt. Ele chegou ao poder por meio de um golpe militar e durante seu governo uma grande quantidade de pessoas (a maioria homens indígenas) foi assassinada sob o pretexto de evitar rebeliões subversivas. Todos os atos militares se justificavam para proteger o povo da Guatemala do comunismo internacional.

Os militares desconheciam a identidade dos rebeldes, mas sabiam onde estavam instaladas suas bases: principalmente nas zonas pobres rurais habitadas pelos indígenas. Em vista disso, o governo decidiu aterrorizar as populações desses povoados, uma forma de acabar com seus apoios aos rebeldes. Foram arrasadas mais de 400 aldeias e a maioria de seus habitantes, torturada e morta. Apenas durante o governo de Rios Montt mais de 15 mil pessoas foram assassinadas. Esse número só não foi maior porque outras 100 mil se refugiaram no México, principalmente os maias.

O governo obrigou os camponeses a formar Patrulhas de Autodefesa Civil, organizações paramilitares que tinham por dever executar grande parte do trabalho sujo do exército. As PAC foram responsáveis por algumas das piores violações dos direitos humanos cometidas durante os anos em que Rios Montt esteve no poder, época conhecida na história local como Genocídio Maia.

Em 1982, quatro poderosas organizações guerrilheiras se uniram para criar a Unidade Revolucionaria Nacional Guatemalteca. Em todo o país, aproximadamente 500 mil pessoas — a maioria camponeses — davam apoio aos movimentos de guerrilhas. Mas à medida que a guerra civil se prolongou, os dois lados começaram a cometer atrocidades e os camponeses ficaram acuados entre dois fogos: eram massacrados pelas PAC se apoiassem os insurgentes ou então massacrados pela URNG se apoiassem os militares.

Normalmente os guerrilheiros desciam das montanhas durante a noite para aterrorizar os povoados acusados de auxiliar o exército. Os militares, por sua vez, chegavam durante o dia para matar os aldeões que na noite anterior haviam prestado auxílio à guerrilha. Resumindo: os maias levavam pau dos dois lados em guerra.

Em 1990, a antropóloga guatemalteca Myrna Mack, que havia documentado casos de violência militar contra os indígenas, morreu apunhalada por um comando militar. O coronel do exército que ordenou seu assassinato foi preso 12 anos mais tarde, mas recorreu da sentença e foi posto em liberdade em 2003.

Acordos de Paz

Em 1996, firmou-se um acordo de paz entre os guerrilheiros e o governo, após 36 anos de guerra civil, quando mais de 200 mil guatemaltecos foram assassinados, um milhão perdeu suas casas, restando ainda um número incalculável de desaparecidos. Os Acordos de Paz, nome pelo qual o tratado ficou conhecido, incluíam diversas obrigações governamentais, como o reconhecimento das violações dos direitos humanos cometidas pelo Exército durante a guerra e a recolocação de um milhão de pessoas sem casas. Também mencionava os direitos dos povos indígenas e das mulheres à saúde, à educação e a outros serviços sociais básicos, além de abolir o serviço militar obrigatório.

Quando se esperava que o país finalmente entrasse num período democrático, com paz social e desenvolvimento econômico, lutando para diminuir as desigualdades sociais, uma vez mais tudo começou a ruir. A maioria das obrigações assumidas pelo governo nos Tratados de Paz firmados com a guerrilha nunca foi cumprida, embora os guerrilheiros tivessem entregado suas armas. A Guarda Presidencial, responsável pela maioria dos crimes políticos, que deveria ser dissolvida, não foi. Pior: foi duplicada. A violência continuou com os desrespeitos aos direitos humanos, mortes, assassinatos e torturas.

Em 1998, o bispo Juan Gerardi, coordenador do Escritório de Direitos Humanos do Arcebispado da Guatemala, foi assassinado a golpes diante de sua casa. Dois dias antes, ele havia apresentado um relatório do Escritório responsabilizando o Exército Nacional pela maioria das 200 mil mortes durante a guerra civil, além de uma série de outras atrocidades. Três anos após o crime três soldados, acusados do assassinato, foram presos. Dois tiveram a sentença anulada em 2002, sendo soltos; o terceiro foi assassinado na cadeia.

Em 1999, um referendo nacional revogou as reformas constitucionais que legislavam formalmente sobre os direitos indígenas, estabeleciam controles sobre o poder Executivo e remodelavam as forças de segurança do Estado. Com os analfabetos excluídos do pleito, apenas 18 por cento dos guatemaltecos votaram, exatamente as classes que sempre se favoreceram da exploração social da nação.

Em 2002, o representante da ONU para os povos indígenas, após uma visita ao país, declarou que 60 por cento dos maias continuam vitimas da discriminação política, econômica e social. A violência, a pobreza, o analfabetismo, a falta de escolas e a escassez de recursos sanitários são mais sentidos nas zonas rurais, exatamente onde se concentra a maioria da população nativa.

Em 2003, o jornal *El Periódico* publicou um artigo afirmando que a Guatemala estava sendo governada por uma estrutura de poder paralela, encabeçada por Efraín Rios Montt. Poucos dias depois, o proprietário do jornal e sua família foram atacados em sua residência por 12 homens armados. Pior: a seguir o Tribunal Constitucional da Guatemala autorizou o próprio Rios Montt a candidatar-se às eleições presidenciais. Isso apesar da Constituição Nacional proibir a ascensão à presidência a quem no passado tivesse chegado ao poder por meio de um golpe de Estado, como fizera o general em 1982. Para sorte dos desafortunados guatemaltecos, o homem perdeu a eleição.

Rigoberta Menchú Tum

Rigoberta Menchú nasceu em 1959, nas proximidades de Uspantán, no altiplano, Estado de Quiché. Viveu como toda jovem mulher maia até o final da década de 1970, quando a guerra civil a marcou tragicamente, levando-a a unir-se aos guerrilheiros. Seu pai, sua mãe e seu irmão foram assassinados pelos militares durante um massacre praticado em nome da pacificação das zonas rurais e do combate ao comunismo.

Após a tragédia, Rigoberta Menchú se exilou no México, onde publicou o livro *Me llamo Rigoberta Menchú y así me nació la conciencia*. Traduzido em todo o mundo, a obra, uma série de entrevistas suas falando sobre o povo maia, alertou a comunidade internacional sobre a situação indígena na Guatemala. Em 1992, ela recebeu o prêmio Nobel da Paz, conseguindo apoio mundial para sua causa. A fundação Rigoberta Menchú Tum, criada com o dinheiro do prêmio (1,2 milhão de dólares), trabalha em favor da solução dos conflitos, da pluralidade e dos direitos humanos em todo o mundo, especialmente dos indígenas e das mulheres da Guatemala.

O povo da Guatemala, principalmente os maias, sentiram-se orgulhosos com o recebimento do Nobel por uma indígena. No entanto, entre a elite nacional, a notoriedade da camponesa não foi bem recebida, pois ela ainda é considerada uma subversiva pelos políticos e militares que detêm o poder no país. Eles preferem outro premiado, o escritor Miguel Ángel Astúrias (1899-1974), laureado com o prêmio Nobel de Literatura em 1967. Embora mais conhecido pelo realismo mágico de seu romance épico *Hombres de maíz*, sobre a conquista européia e o povo maia, ou pela sutil vileza dos ditadores latino-americanos em *El señor presidente*, Astúrias também foi um grande poeta.

De qualquer forma, essa pequena e pobre nação já teve dois de seus nativos premiados com o Nobel, enquanto muitos outros países latino-americanos, apesar de suas grandes populações e a arrogância de suas elites intelectuais, nunca receberam tamanho reconhecimento internacional.

Narcotráfico

Além das questões políticas, o alto índice de violência registrado nos últimos anos se deve também ao fato de o país estar na rota do tráfico internacional de drogas, em torno do qual atuam forças de segurança privadas. A delinqüência afeta a quase toda a sociedade nacional, desde o motorista de ônibus da Cidade da Guatemala, que precisa pagar pedágio às gangues urbanas, a título de proteção, até os juízes, defensores dos direitos humanos, jornalistas e ecologistas que recebem ameaças de morte sempre que suas ações dificultam a vida da elite corrupta que governa o país, um quadro muito parecido com o brasileiro.

Muitos organismos não-governamentais, tanto nacionais quanto estrangeiros, especialmente estes últimos, realizam grande parte do trabalho em prol dos direitos dos povos indígenas e das mulheres, lutando por melhores condições de vida, direito à saúde, educação e habitação. As ONGs atuam também na batalha pela preservação do patrimônio natural e cultural da Guatemala, onde a presença dos voluntários de outros países é fundamental.

Tem-se repetido com certa insistência que na Guatemala não há classe média, mas apenas uma minoria dirigente, extremamente rica, e uma grande maioria muito pobre, explorada. Realmente existe uma minoria ladina muito rica, cuja maior ambição é manter seu poder e seu patrimônio intocado. Os maias, cerca de seis milhões de habitantes, mais da metade da população nacional, são pobres, têm baixa escolaridade e costumam desempenhar um papel secundário na sociedade.

A grande força dos maias está na valorização da família, da vida em comunidade e o respeito às suas tradições, especialmente com relação a seus antepassados. Os poucos empreendedores que, graças aos negócios, conseguem vencer a pobreza e alcançar algum grau de riqueza nunca abandonam suas aldeias originais. Ou se estabelecem nelas ou mandam ajuda financeira aos parentes que ficaram na terra natal.

Outra característica da sociedade guatemalteca diz respeito à religiosidade do povo. Os ladinos, como são localmente chamados os mestiços, professam o catolicismo ortodoxo enquanto os maias praticam um sincretismo entre os ensinamentos cristãos e suas crenças tradicionais. Nos últimos anos, para desespero da Igreja católica, as religiões neo-evangélicas estão se espalhando pela nação com a rapidez de um rastilho de pólvora em paiol de navio pirata.

Independentemente da posição social, da religião, das origens étnicas ou do local em que vivem, uma característica uniforme na nação é a amabilidade do povo, sempre disposto a uma boa conversa mesmo com o mais arredio dos estrangeiros. Exceto nas comunidades mais distantes, onde eles falam apenas algum dialeto maia, basta um *buenas tardes* para um amplo sorriso se abrir à nossa frente. Talvez isso se deva ao fato de 1,7 milhão deles viverem nos Estados Unidos, expatriados que enviam ao país anualmente 1,2 bilhão de dólares, mais do que a soma das exportações tradicionais: café, açúcar e bananas.

El Petén

Na manhã seguinte embarquei num ônibus expresso com destino a Flores, capital do estado de El Petén, no extremo norte da Guatemala, fronteira com o México e Belize. Na hora de comprar a passagem, no escritório da empresa Línea Dorada, apresentei um dos meus cartões de crédito e fiquei esperando o desenrolar dos fatos. Para minha felicidade ele foi aceito, uma ótima notícia; mas paguei uma comissão de nove por cento por tê-lo usado.

— Apenas repassamos a comissão que a administradora do cartão nos cobra — explicou-me o funcionário, quando reclamei.

Seguimos costeando a serra das Minas, onde está situada a Reserva da Biosfera Serra das Minas, passamos pelas ruínas maias de Quiriguá, os antigos inimigos de Copán, responsáveis pela degola do rei Dezoito Coelhos, e seguimos para o nordeste até La Ruidosa, onde dobramos à esquerda, na direção norte-noroeste.

Passamos por Rio Dulce, às margens do lago de Izabal, e continuamos nossa longa jornada pelas planícies maias. Aos poucos eu estava penetrando no coração do antigo império e uma agradável sensação de paz me envolvia. Intuía, sem entender bem o motivo, que ao me afastar das grandes cidades e mergulhar naquelas selvas intermináveis poderia sentir com mais intensidade os fluidos dessa milenar cultura.

Passageiros desciam, outros embarcavam. Nas roupas, nos gestos e nos olhares dos meus novos companheiros de viagem a tradição maia começava a se fazer cada vez mais presente. Talvez fossem seus andares, a calma como se moviam, não sei. Mas apesar da indisfarçável aparência de pobreza daquela gente me pareciam bem mais conformadas do que as pessoas que eu estava deixando para trás. Desde a fronteira de Honduras foram mais 400 quilômetros até Flores, aonde cheguei ao cair da noite.

A espessa selva que cobre o vasto e úmido estado de El Petén está repleta de papagaios, macacos, coelhos, onças e uma série de pequenos animais nativos da grande floresta tropical, além de uma flora riquíssima em sua diversidade. A Reserva da Biosfera Maia, no norte da Guatemala, juntamente com a Reserva da Biosfera Calakmul, no sul do México, e a Área de Conservação Rio Bravo, no oeste de Belize, formam, em conjunto, uma reserva internacional que abrange um território com mais de 30 mil quilômetros quadrados.

Essas riquezas naturais, unidas aos mistérios da antiga civilização, nos dão a sensação de estarmos viajando por uma região encantada. Pelo menos até sermos trazidos de volta à dura realidade pelos mosquitos que proliferam durante a estação chuvosa, entre maio e novembro, exatamente a época em que entrei na região, escolhida por ser o momento em que a natureza está em seu esplendor máximo.

As selvas do longínquo e isolado norte da Guatemala estão repletas de antigos vestígios maias, grande parte deles ainda soterrada pelas árvores que foram crescendo por entre as pedras dos templos e acabaram tomando conta dos magníficos edifícios, cidades perdidas em meio à grande floresta. Graças a esse isolamento, a natureza se manteve praticamente intacta, caso contrário nada mais restaria da antiga cultura, como aconteceu na pequena ilha do lago de Petén Itzá onde está Flores.

Flores

Com 2 mil habitantes, a 110 metros de altitude, a cidadezinha vive bafejada pela brisa do lago, mantendo-se em média dois graus abaixo das quentes temperaturas da região. Suas casas em estilo colonial, muitas delas transformadas em hospedarias e pequenos restaurantes, onde se pode comer pescado e frutas tropicais, nos deixam com a sensação de uma repentina volta ao passado. Ao passado dos tempos coloniais, claro, porque na época do esplendor maia o lugar era bem mais interessante.

No século XIII, o povo maia *itzá*, fugindo da grande cidade de Chichén Itzá, bem mais ao norte, no atual território do México, então em poder das tribos toltecas, chegou à ilha (*petén*, na língua maia) onde fundou sua nova cidade, Tayasal. A comunidade prosperou e quando estava em seu poderio máximo recebeu a visita de Fernando Cortez, em 1525. O vândalo espanhol, a caminho de Honduras, foi imerecidamente recebido com grandes festejos pelo rei Canek.

Fernando Cortez deixou na cidade seu cavalo, então mancando de uma perna, e o animal foi tratado com flores e guisado de peru até morrer. Em sua homenagem os *itzá* ergueram uma estátua. Quando os freis espanhóis visitaram Tayasal pela primeira vez, em 1618, o cavalo ainda era adorado como a representação de Chac, o deus maia da chuva. Os padres católicos ficaram horrorizados pela cultura herege, encontrando no local os costumes tradicionais pagãos que imaginavam já ter desaparecido do Novo Mundo. Precisavam fazer algo para salvar aquelas almas, livrá-las do fogo do inferno e conduzi-las para o rebanho de Deus.

E não perderam tempo.

Os espanhóis, avisados da situação na pequena ilha, enviaram duas expedições militares para conquistar Tayasal, ambas derrotadas pelos guerreiros maias. Surpresos com o fracasso, dificilmente os nativos tinham condições militares para rechaçar o poderio bélico europeu, os invasores recuaram e a cultura maia sobreviveu por mais setenta anos. Não havia ouro na região e a catequização não atraía os mercenários brancos com o mesmo ímpeto dos primeiros anos.

Em 1697, uma expedição punitiva, formada por quinhentos soldados espanhóis fortemente armados e apoiada por indígenas inimigos dos maias de Tayasal, invadiu a ilha. Além da artilharia e dos temíveis cavalos, eles tinham um barco, utilizado para assaltar a cidade através do lago, algo completamente inusitado para a época, surpreendendo os maias. Após uma sangrenta batalha, eles finalmente conquistaram a ilha dos *itzá*.

No dia seguinte, num trabalho incansável que durou mais de oito horas, os soldados católicos destruíram as pirâmides, os templos e as estátuas religiosas; todos os livros foram queimados, tudo, tudo em nome de Nosso Senhor Jesus Cristo. Finalmente a civilização européia havia chegado naquele canto desolado do mundo.

Além de ser o derradeiro enclave maia a cair sob o jugo dos colonizadores europeus, a rendição de Tayasal significou também o fim do último reino independente das Américas. Mais do que o final de um capítulo na sangrenta história imposta pelos europeus ao Novo Mundo, a destruição da cidade-estado representou o término de uma era na história da Humanidade.

Por mais que eu tentasse, não descobri na ilha o menor vestígio do que fora a grandiosa cidade. Nem de seu extraordinário povo. A população de Flores é composta por mestiços, filhos dos descendentes europeus mesclados com os indígenas colonizados. Ao contrário do Brasil, onde os nativos foram substituídos pelos europeus, uma das maiores substituições de população da história da Humanidade, na América Central preponderam os ladinos.

A antiga cultura desapareceu e a nova não trouxe nada de especial. Senti apenas uma crise de identidade no povo de Flores, o antigo orgulho não estampa mais seus rudes semblantes. Seus olhares são perdidos, não miram mais o horizonte com esperança no futuro, tampouco cultuam o glorioso passado. Em vez das ervas tradicionais, indicadas pelos xamãs e bebidas em grande escala pela nação, a população de Flores, como de tantas outras cidades da região, agora se embebeda com cerveja Brahva, a grafia local da brasileiríssima Brahma.

Hospedei-me numa pousada numa rua interna. Mas como o centro da ilha fica na parte alta, de quase todos os lugares se tem uma bela vista do lago. Havia poucos turistas, não mais do que meia dúzia de europeus, assim pude escolher um quarto no andar de cima. Embora recebesse diretamente o sol durante o dia, à noite, deixando a janela aberta, podia dormir banhado pela brisa do lago, uma pausa refrescante no tórrido El Petén.

Instalado, banho tomado, mochila aberta, coisas espalhadas pela cama, mesa e cadeira, roupa lavada e estendida no varal armado na cobertura do prédio, tratei de conseguir dinheiro.

— Existe algum caixa eletrônico em Flores? — perguntei à dona da hospedaria.

— Não.

— Existe algum banco, pelo menos?

— Não — ela repetiu. — Mas se você precisar, existe uma casa de câmbio, onde você poderá trocar seus dólares.

— Não tenho dólares para trocar.

— Euros?

— Nem dólares, nem euros — expliquei. — Na verdade, não tenho dinheiro algum.

— Isso é um problema — ela disse.

— Não me diga!

Pode-se contornar a ilha com uma pequena caminhada pela estradinha de chão beirando o lago. Alguns bares construíram quiosques no outro lado da rua, avançando sobre as águas, onde pela manhã eu me espreguiçava tomando café com leite acompanhado de frutas tropicais, especialmente banana caramelada. Enquanto o sol se levantava por sobre as águas onduladas, pequenas canoas, vindas das aldeias próximas, traziam colegiais para a escola primária em Flores.

No final da tarde, bastava caminhar para o outro lado da ilha, sentar-me num outro quiosque e curtir o pôr-do-sol comendo peixe frito e tomando uma cerveja gelada. Embora as placas dos bares ostentassem cartazes propagandeando a cerveja brasileira, dificilmente a encontrava, uma prova de sua precária logística de distribuição. Eu já havia notado isso na Nicarágua: muita propaganda e pouco produto. A cerveja local, Gallo, por sua vez, era encontrada em qualquer boteco.

Tikal

Viajei até Flores para organizar minha pequena expedição a Tikal, mais 63 quilômetros ao norte, já quase na fronteira com o México, no fundão das selvas de El Petén. Trecho dos mais interessantes da viagem, Tikal está entre as cidades mais poderosas do Mundo Maia. Talvez apenas Chichén Itzá, no Yucatán, e Palenque, em Chiapas, ambas no México, lhe sejam concorrentes em esplendor e glória. Grande parte do charme atual de Tikal é seu belo estado de preservação, conseqüência, em grande parte, de seu isolamento.

Essa é uma situação comum na maioria dos sítios arqueológicos importantes do mundo, eu já estava acostumado com ela. As grandes jóias, tanto as construídas pelo homem quanto as produzidas pela natureza, se encontram em locais de difícil acesso. Por isso, quem viaja em busca desses tesouros precisa munir-se de muita paciência e uma boa dose de desprendimento. Sem se esquecer, claro, de uma certa capacidade para adaptar-se aos imprevistos de última hora.

Consegui transporte até a entrada do sítio arqueológico, onde deixei minha barraca já armada, caso necessitasse pernoitar no local, e me enfiei por entre suas ruínas, cerca de 4 mil edificações distribuídas em meio à floresta tropical. Repleta de macacos, pequenos roedores, papagaios, pica-paus, martins-pescadores, garças, bem-te-vis, falcões, colibris, periquitos e tucanos, entre outros tantos, todos em completa algaravia, podia ouvir especialmente o cantar dos pássaros.

Foram registradas 300 espécies de aves em Tikal, entre nativas e migratórias, algo tão extraordinário quanto a beleza arquitetônica dos antigos templos, pirâmides e palacetes. Estava ansioso para embrenhar-me logo nesse paraíso e a recepção não foi menos calorosa. Pareceu-me que os animais queriam afugentar-me do local, por certo contrariados com a invasão da cidade habitada apenas por eles nos últimos mil anos.

Situada numa ampla colina a 548 quilômetros ao norte da Cidade da Guatemala, trata-se de uma das mais importantes cidades-estado maias. Fundada no ano 700 a.C., Tikal é a mais antiga capital dessa impressionante cultura, pelo menos entre os assentamentos até agora recuperados da floresta. Em seu auge, na metade do período clássico, ela cobria uma área de 30 quilômetros quadrados e chegou a ter uma população estimada em 100 mil habitantes.

A abundância do sílex no local, a valiosa pedra utilizada para fabricar garrotes, facas, pontas de flechas e de lanças, juntamente com a possibilidade de trocar essa matéria-prima por outras mercadorias, ajudou a comunidade a se desenvolver. Em um prazo de 200 anos eles já haviam construído algumas estruturas cerimoniais de pedra. No ano 200 a.C., os moradores tinham erguido um conjunto de edifícios junto à sua acrópole norte.

Ao contrário de Copán, que me fascinou com suas elaboradas esculturas, Tikal se destaca pela altura de seus templos. Suas elevadas pirâmides despontam sobre as copas das mais altas árvores como tentando alcançar os raios de sol que tanto inspiraram a religião e a cultura ao longo dos séculos. Seu fascínio é tamanho que, em 1977, George Lucas usou o local como cenário do filme *Guerra nas Estrelas*. Quem viu a série lembra que as naves da Rebelião, pilotadas por Luke Skywalker e o capitão Han Solo, ao voltarem para sua base após terem destruído a Estrela da Morte, sobrevoam uma floresta compacta na qual se sobressaem os picos de algumas pirâmides.

Além disso, por estarem distribuídos em uma ampla área em meio à selva, estimei ter caminhado mais de dez quilômetros para visitar todos os edifícios. É possível percorrer o sítio arqueológico em um único dia, desde que se esteja disposto a caminhar de sol a sol, além de subir centenas de degraus para saborear as vistas deslumbrantes desde o topo de seus mais altos templos. Como muitas das escadarias são escorregadias, algumas cobertas por musgos, a possibilidade de resvalar e despencar pirâmide abaixo faz do cansaço um ingrediente a mais na adrenalina do lugar.

Depois de andar cerca de 1,5 quilômetro por entre a floresta desde a entrada do sítio arqueológico, sempre em meio às árvores centenárias, finalmente cheguei ao centro da cidade, à Gran Plaza, um estupendo conjunto de prédios limitados por dois altíssimos templos gêmeos, uma tradição arquitetônica da época clássica. Bastou ver-me frente a frente com o extraordinário templo do Grande Jaguar, com seus 44 metros de altura, para dar-me conta de que realmente estava pisando num solo sagrado.

Os reis

O rei Yax Moch Xoc, que governou em torno do ano 230, é considerado o fundador da dinastia que reinou em Tikal por séculos. Durante o comando do rei Garra de Jaguar, no século IV, Tikal adotou a nova e brutal tática militar utilizada pelos governantes de Teotihuacán, a mais bélica das civilizações da época.

Em vez de travar uma luta corpo-a-corpo com seus adversários no campo de batalha, como era tradicional até então, o exército de Tikal empregou tropas auxiliares. Elas cercavam o inimigo e dizimavam suas fileiras arremessando suas lanças a distância, a partir de um local seguro. Essa variante no combate permitiu ao general Rana Humeante derrotar o exército da cidade-estado de Uaxactún, transformando Tikal no reino dominante de todo o El Petén.

Em 553, o rei Senhor Água subiu ao trono da cidade-estado de Caracol, no oeste da atual Belize, quase fronteira com a Guatemala, e declarou guerra a Tikal. Empregando os mesmos métodos dos exércitos de Tikal, ele a conquistou, decapitando o rei tikalense. Com essa vitória, todo o território de El Petén permaneceu sob o domínio de Caracol até quase o final do século VII. Em seu auge, a cidade-estado de Caracol se tornou a maior do Mundo Maia.

Em 682, no entanto, o poderoso monarca Penacho Dupla Lua, também conhecido pelo nome de Ah Cacau, 26º rei da dinastia fundada por Yax Moch Xoc, restaurou o antigo poder militar de Tikal, restabelecendo sua primazia sobre o Mundo Maia. Em 695, conquistou a grande cidade rival de Calakmul, no atual México, e seus sucessores se encarregaram da construção da maioria dos templos que flanqueiam a Gran Plaza.

Gran Plaza

A Gran Plaza começou a adquirir a forma e as dimensões atuais nos primeiros séculos da era cristã. No começo do período clássico, por volta do ano 250, Tikal se converteu num importante centro religioso, cultural e comercial com um elevado número de habitantes. No seu auge, por volta do ano 800, mais de 12 templos levantados sobre uma vasta plataforma enobreciam a capital, muitos dos quais mandados construir pelo grande rei Ah Cacau.

O templo do Grande Jaguar, construído pelo filho de Ah Cacau, serviu-lhe de mausoléu. Entre as riquezas sepultadas com o poderoso soberano foram encontrados objetos de jade, pérolas, ossos gravados com hieróglifos e dezenas de espinhas utilizadas nos rituais de sangrias. Na parte superior do templo há um pequeno recinto com três salas cobertas por um penacho anteriormente adornado com relevos e pinturas de cores brilhantes. Segundos os estudiosos, esses símbolos devem representar os 13 reinos do céu maia. As portas, fabricadas com madeira de sapota, tinham diversos entalhes de primeiríssima qualidade. Uma delas, saqueada por caçadores de tesouro, repousa em um museu na Suíça.

A outra pirâmide, em frente ao templo do Grande Jaguar, conhecida por templo II, mede 38 metros de altura, na qual subi para melhor apreciar e fotografar a extraordinária tumba do rei Ah Cacau, atualmente um dos símbolos arquitetônicos mais impressionantes da Antigüidade. Infelizmente, como também aconteceu no Egito, as catacumbas maias foram saqueadas pelos ladrões de sepultura ao longo dos tempos. Sobrou apenas o que estava protegido embaixo da terra, aos poucos recuperado pelos arqueólogos.

Os saques ainda acontecem. Muitas explorações precisam ser interrompidas porque, ao abrir as tumbas, elas ficam expostas aos ladrões, obrigando os estudiosos a fechá-las novamente antes de serem destruídas. Some-se a isso a grande desconfiança que os moradores locais têm com relação aos estrangeiros — e com toda razão —, muitas vezes eles próprios escondem os tesouros aleatoriamente encontrados.

Nos últimos anos o narcotráfico tem usado as grandes florestas centro-americanas para o refino das drogas, acrescentando um empecilho a mais ao melhor conhecimento dessa antiga civilização. Sem falar nas lutas políticas, movimentos que têm colocado as antigas cidades fora do alcance da ciência.

O ano-novo maia, correspondente ao nosso 22 de dezembro, ainda é comemorado em volta do fogo, num pequeno santuário ao pé do templo Grande Jaguar. Descendentes dos antigos maias de diversas partes de El Petén se reúnem para celebrar seus deuses e seus antepassados, uma cerimônia que procura manter vivo pelo menos um pouco do que foi a glória desse povo.

A vizinha Acrópole Norte, se à primeira vista não impressiona tanto como os templos gêmeos, também tem grande importância. Os arqueólogos já desenterraram mais de cem estruturas diferentes, as mais velhas nos remetendo ao século V a.C. Como os maias costumavam construir as novas tumbas em cima das anteriores, para aumentar a santidade e o poder dos templos, os estudiosos precisam cavar túneis muito profundos para chegar às obras mais antigas.

Pirâmides

Apesar da limpeza feita em torno dos monumentos e da restauração de alguns deles, para me deslocar entre um prédio e outro era preciso atravessar a densa espessura da floresta tropical. Às vezes eu caminhava sobre o que restara das antigas calçadas feitas para ligar os templos, importante para as cerimônias religiosas e para as práticas astronômicas dos sacerdotes. Outras vezes, era selva pura. O penetrante aroma da terra úmida e da sua vegetação, a tranqüilidade do ambiente e o som emitido pelos animais dão a Tikal uma característica que eu ainda não havia encontrado em outros sítios arqueológicos ao redor do mundo.

A sudeste da Gran Plaza está a Acrópole Central, um emaranhado de pátios, pequenas salas e diminutos templos, palácios onde viviam os nobres. Um pouco mais adiante, no sentido nordeste, localiza-se a Plaza Oeste, marcada pelo templo III, com 55 metros de altura. Parte dessa pirâmide ainda está soterrada, dando-nos uma idéia de como o sítio arqueológico foi encontrado pelos primeiros exploradores.

Ao sul da Gran Plaza está localizada a Acrópole Sul, com seus palácios milenares e seu magnífico templo V, com 58 metros de altura. A oeste da Acrópole Sul está a Plaza dos Sete Templos, com seus pequenos prédios e um campo de futebol. Todas as cidades tinham seu próprio estádio, local de lazer e de realização de muitas cerimônias religiosas.

A sudoeste da Gran Plaza se encontra o Mundo Perdido, um vasto conjunto com 38 estruturas com uma enorme pirâmide ao centro. Com 32 metros de altura e uma base com 80 metros, ela está construída sobre outras três menores, a mais velha datando do ano 700 a.C., o que faz dela o prédio mais antigo de Tikal.

Pude subir por seus degraus, atualmente desgastados pelo tempo e cobertos por uma camada de limo escorregadio. O perigo foi recompensado pela agradável sensação de estar num dos lugares mais antigos do Novo Mundo. Como ela havia sido desenterrada em apenas um de seus lados, ao baixar pelo flanco traseiro desci uma simples colina. Vista desse ângulo, custa imaginar que a pequena montanha seja apenas uma casca de grama cobrindo um prédio milenar construído pelo homem.

Star Wars

Finalmente cheguei ao templo IV, no extremo ocidental da cidade, oposto à entrada do sítio arqueológico. Com 64 metros, trata-se do mais alto de Tikal e o segundo de toda a América pré-colombiana, somente superado pelo templo El Tigre, no sítio arqueológico de El Mirador, a menos de sete quilômetros da fronteira com o México, e ainda tomado pela selva.

O templo IV foi construído em 711 para comemorar o 14º *katun* do *baktun* 9 (no calendário maia um dia equivale a um *kin*, vinte dias a um *uinal*, 360 dias a um *tun*, vinte anos a um *katun* e quatrocentos anos a um *baktun*). O período mais importante da história maia transcorre entre os *baktuns* 8, 9 e 10. Fazia parte das tradições da época levantar pirâmides não apenas com objetivos religiosos, mas também para assinalar grandes conquistas ou passagens importantes do tempo.

O tempo era a base da religião maia. Eles acreditavam que este mundo era apenas um entre uma sucessão interminável de mundos, cada um deles destinado a terminar com um grande cataclismo, sendo em seguida sucedido por outro. Essa qualidade cíclica possibilitava prever o futuro conhecendo o passado, por isso dedicavam tanto tempo aos estudos. Quase todas as cidades eram construídas levando em consideração o movimento dos astros.

Em frente ao edifício existe uma estela com a efígie de seu construtor, o rei Ah Cacau (sempre ele), uma das mais bem preservadas de Tikal. Uma vez mais, ao contrário de Copán, as estelas em Tikal não são tão magníficas nem tão belas, servindo mais para nos informar sobre a história da cidade do que para nos encantar com alguma beleza plástica. Pelo visto, os reis tikalenses, liderados pelo incansável Ah Cacau, davam mais importância ao tamanho do que ao refinamento de suas obras, provavelmente conseqüência da tradição militar da cidade.

Levei quase uma hora para escalar a pequena colina e chegar ao topo da pirâmide, mas a vista foi maravilhosa, todas as cúpulas dos altíssimos templos vistas por sobre as copas da grande floresta, exatamente como aparece no filme *Guerra nas Estrelas*. Senti-me como se estivesse ao lado de Han Solo, co-pilotando sua velha nave espacial.

Desci pelo lado do templo, uma escada de madeira com 170 degraus feita para facilitar o sobe-e-desce dos homens trabalhando em sua restauração. Segui em direção nordeste por cerca de 1,5 quilômetro por onde antes houvera uma extraordinária calçada ligando o templo IV aos complexos setentrionais. Algumas estruturas haviam sido desmanchadas, ainda na época dos maias, para o material ser usado no calçamento do trajeto.

Depois de visitar uma série de templos gêmeos, voltei em direção à Gran Plaza, aproximadamente um quilômetro de distância, passando por outros conjuntos de pirâmides gêmeas com estelas e altares na parte frontal, construídos durante o período clássico tardio, provavelmente para comemorar o final de um *katun*. Uma estela e um altar, em especial, constituem excelente mostra dos relevos característicos dessa época em Tikal.

Regressei à Gran Plaza e ainda caminhei mais 1,2 quilômetro em direção sudeste até o templo VI, também conhecido como Templo das Inscrições. Em comparação com Copán, as inscrições em Tikal são escassas e bem mais simples, mas nesse templo pude admirar algumas delas. Na parte superior de sua crista, com 12 metros de altura, assim como nas laterais e na cornija, aparecem inúmeros hieróglifos gravados em 766, sem dúvida uma das últimas obras realizadas em Tikal.

A hegemonia de Tikal entrou em decadência por volta do ano 900, mas a cidade não foi a única a enfrentar esse misterioso colapso de toda a civilização maia das terras baixas. A imponente capital foi abandonada e seus prédios, engolidos pela selva. Por séculos ela ficou perdida no tempo.

O povo *itzá*, então morando em Tayasal, onde localiza-se a moderna cidade de Flores, teve notícias de Tikal durante o período pós-clássico tardio, sendo possível que tenham visitado a cidade abandonada para venerar os altares de seus antigos deuses. Os missionários espanhóis que chegaram ao El Petén após a Conquista ouviram referências à cidade perdida, porém nunca conseguiram encontrá-la.

Desde seu abandono, quase mil anos se passaram até os arqueólogos começarem a desenterrá-la, trabalho que está apenas no início. Muito ainda há para ser feito, novas descobertas poderão acrescentar capítulos inéditos na história desse povo. A História é cíclica, como os maias acreditavam, e conhecê-la poderá ser a chave para evitarmos no futuro os erros cometidos no passado. Entender os maias e, em especial, por que tão poderosa cultura sucumbiu será de grande importância para prever a sobrevivência de nossa própria civilização, como eu descobriria no final da expedição.

Um certo brasileiro

Belize não é o fim do mundo, mas quase. Nem tanto pela distância, mas pelo fato de poucos brasileiros saberem onde fica. A grande maioria, na verdade, sequer sabe do que se trata quando ouve esse nome. E não é para menos. Espremido na costa oriental da América Central, ao lado da Guatemala, acima da Nicarágua e abaixo do México, seus habitantes não ganham destaque pelo mundo, nem o país protagoniza feitos espetaculares na mídia internacional.

O país é muito bonito, as praias caribenhas são lindíssimas e uma grande curiosidade: eles falam uma língua única, mistura de inglês, espanhol e dialetos indígenas. Mas, para investir dinheiro numa viagem a Belize, somente quem já percorreu quase o mundo inteiro e anda em busca de novas aventuras por aí afora.

Por isso, quando na recepção da pousada em Flores vieram me dizer que um certo brasileiro estivera me procurando para viajar comigo a Belize, logo pensei: engano. Tanto que nem liguei. Havia um número de telefone rabiscado num pedaço de papel e o nome de alguém. A letra estava confusa e logo imaginei tratar-se de alguma brincadeira sem nexo.

Belize era pequena demais para dois brasileiros.

Para começar, ninguém sabia de minha presença em Flores. Eu tinha saído do Brasil havia dois meses e acabara de chegar ao norte da Guatemala. Passara o dia em Tikal, visitando o impressionante sítio arqueológico, e agora me preparava para seguir para Belize. Eu pretendia conhecer uma cidade maia no interior do pequeno país, único motivo para me aventurar em terras tão estranhas. Por que alguém mais desejaria viajar para Belize? Brasileiros preferem Orlando, Miami, Ciudad del Este... Mas Lamanai?

Lamanai, aonde eu queria chegar, tinha um atrativo especial: estava praticamente perdida na selva belizense e o único meio de atingi-la era por meio de uma expedição de barco subindo um pequeno rio. Trata-se da mais isolada das grandes cidades maias, tanto que ainda fora encontrada habitada pelos espanhóis muitos anos após a Conquista. Além disso, em seus arredores existem os mais antigos vestígios da cerâmica maia até hoje descobertos.

Não imaginava outro brasileiro querendo viajar para Belize; ruínas na selva e cerâmicas pré-históricas não dão ibope na hora de contar aos amigos aquele passeio *maravilhooooooso* das últimas férias.

Mas tinha o tal bilhete. Levei-o para o quarto e fui tentar decifrá-lo. Incrédulo, descobri que o sujeito existia, pois os rabiscos estavam em português e ele dizia que também viajaria para Belize. Soubera da minha presença na cidade por um morador local com quem eu havia conversado a respeito de meu próximo destino. E mais, o tipo era de Santa Catarina. E até nome tinha: Marcos Pinheiro.

Meu telefonema chamou num hotel, onde realmente estava hospedado um cara que falava uma língua estranha. Como também acontecera comigo, em Flores não havia a necessidade de nos registrarmos nos hotéis. Dizia-se quantos dias ficaríamos hospedados, pagávamos as diárias adiantadas e pronto. Ninguém sabia se havia um hóspede chamado Marcos.

— Mas tem um homem falando uma língua muito estranha — Disse-me o atendente. — Não é inglês nem espanhol, embora a gente entenda um pouco.

Fui ao dito hotel, a uma pequena caminhada do meu, mas o quarto estava vazio, o sujeito havia saído. Deixei recado e voltei para minha pousada, pensava em tomar um banho e sair para jantar. Logo em seguida bateram na porta: era o tal Marcos procurando um parceiro para seguir para Belize.

— Sim — falei para o sujeito parado à minha frente.

— Você é brasileiro, certo? — ele quis saber.

— Sou.

— Está viajando para Belize?

— Estou.

Pretendia perguntar como ele sabia tantas coisas a meu respeito, mas não foi necessário, o cara gostava de falar.

— Meu nome é Marcos Henrique Oliveira Pinheiro. Tenho 37 anos; sou nascido e criado na Lagoa da Conceição, Florianópolis, Santa Catarina.

O nome e a idade, tudo bem, impossível saber apenas olhando para o tipo, mas o local de nascimento não precisava ser dito; ninguém nascido e criado nessa ilha consegue disfarçar o sotaque.

— Barbaridade, então somos vizinhos, tchê — respondi. — Sou de Porto Alegre.

Bem, talvez eu também não precisasse dizer que era gaúcho.

— Pois fiquei sabendo que você pretende viajar para Belize — ele emendou. — Como também quero ir para lá, poderemos viajar juntos. Estou sozinho, sempre é bom um companheiro.

— Mas por que diabos você quer ir a Belize? — perguntei-lhe. — Você deveria antes conhecer a Europa para só depois se aventurar por essas paragens, esquecidas do mundo.

Mas ele já tinha conhecido a Europa e muitas outras partes do mundo, agora havia decidido visitar Belize depois de encerrar sua participação num congresso na Costa Rica. Era formado em Educação Física pela Universidade Federal de Santa Catarina e acabara de concluir um curso de Árbitro Internacional de Águas Abertas, promovido pela Federação Internacional de Natação Amadora.

Diário

Marcos, que já havia escrito um livro sobre suas aventuras de bicicleta pela Europa, registrou nosso encontro em seu diário, contando como me localizou em Flores:

Desembarquei na Cidade da Guatemala com a intenção de ir a Belize. Minha chegada foi complicada, logo me vi cercado por marginais. Para minha sorte, fiz amizade com um guarda, armado com enorme espingarda. No dia seguinte saí em busca da embaixada de Belize, só localizada após muitas informações desencontradas. Fiz cópias da foto de meu passaporte e depois de desembolsar 60 dólares estava com o visto belizense. Ainda passei por Antigua antes de seguir para o norte.

Na Cidade da Guatemala embarquei num ônibus da empresa Línea Dorada para Flores. Fui acordado às duas da manhã por policiais rodoviários que me fizeram algumas perguntas. No final disseram que eu não estava falando a verdade, mas me deixariam passar porque era costume os brasileiros deixarem dez dólares para eles. Expliquei que era mochileiro e viajava com o dinheiro contado. Por sorte, me deixaram em paz.

Em Flores entrei no primeiro hotel que me ofereceram, estava muito cansado. Pela manhã descobri uma van seguindo para Tikal e resolvi embarcar. O motorista estava transportando um grupo de gringos para o sítio arqueológico e eu até fiz amizade com alguns.

Entre muitos atrativos no espetacular sítio maia, incluindo a miss Guatemala posando para uma série de fotos, vi um tipo com a camiseta do Brasil. Mas como o Brasil antes da Copa da Alemanha estava na moda, só desconfiei que realmente era brasileiro quando vi a sandália rasgada. Acabei não falando com ele em Tikal, o cara caminhava rápido demais, se enfiou pelo mataréu e logo o perdi de vista.

Eu estava acompanhado por amigos, um casal alemão e um francês. Voltamos mais cedo para a van, fui procurar nosso motorista. Ele estava jogando cartas e não queria abandonar o jogo. Acabei ficando por ali, conversando com os caras, e um deles me disse que também havia transportado um brasileiro. O brasileiro conversava muito e por isso o motorista sabia que o cara estava hospedado no hotel Mirador do Lago e pretendia seguir para Belize nos próximos dias.

Quando cheguei em Flores fui até o hotel, mas o tal brasileiro tinha saído. Resolvi então lhe deixar um bilhete me apresentando e informando de meu interesse em viajar com ele para Belize. Eu estava sozinho e seria muito bom encontrar um companheiro, em especial se fosse brasileiro. Mais tarde retornei à pousada, mas ele ainda não havia regressado. Não sei onde esse cara se metia. Flores é do tamanho de um ovo, mas ele conseguia se enfiar pelos becos e desaparecer.

Saí pela cidade com o amigo francês, encontrei um amigo guatemalteco e ficamos conversando. O brasileiro passou na rua, mas ele estava tão apressado, e para não interromper nossa conversa, deixei-o seguir em frente.

Voltei uma vez mais na pousada e o encontrei tomando banho. Esperei um pouco e finalmente conheci Airton Ortiz, de quem acabei ficando amigo. Foi uma grande surpresa. Eu conhecia os livros dele, até já tinha lido o Aventura no topo da África, *mas nunca pensei que o encontraria numa viagem, muito menos na América Central, pois sei que ele normalmente costuma viajar pela África.*

Ele estava se preparando para ir a Belize pela San Juan, uma pequena empresa de Flores que faz a ligação com a fronteira de Belize em velhos microônibus. Sugeri que fôssemos pela Línea Dorada, uma grande empresa que fazia a linha entre a Cidade da Guatemala e a Cidade de Belize, direto. Seria mais cômodo, embora um pouco mais caro. Para minha surpresa, ele topou. Pensei que ele fosse o tipo de pessoa que gosta de decidir tudo sozinho, mas não. Eu ali, dizendo pro cara mais viajado do mundo como deveríamos ir para Belize... Precisaríamos sair da ilha e nos deslocar até a cidade vizinha de Santa Helena, para comprar a passagem.

Enquanto esperávamos um tuk tuk *para Santa Helena fiz uma pergunta que me perseguia havia dez anos, desde que voltei de uma longa viagem, quando percorri parte da Europa de bicicleta. Eu queria saber o que são essas maravilhosas coincidências que acontecem comigo e com algumas pessoas que viajam sozinhas.*

Airton Ortiz tinha a resposta na ponta da língua: são recompensas destinadas às pessoas que levam uma vida digna, ele disse. A resposta foi tão impressionante que não me contive. Emocionei-me por ele dizer que eu merecia tudo de bom que me acontecia durante as viagens, momento em que estamos sozinhos e por isso mais expostos, exatamente por causa da forma digna que eu procurava tocar minha vida. Caí no choro de emoção, alegria e satisfação.

Para comemorar nossa nova amizade comemos um lanche num quiosque à beira do lago. Conversamos muito naquela noite. Combinamos novas histórias e gravei Ortiz falando de algumas de suas superaventuras.

Belize

Fronteira

Nosso ônibus em direção à fronteira com Belize deveria passar às seis da manhã. Embarcaríamos em Flores, onde ele faria uma parada adicional para novos passageiros subirem. Ele saía de Santa Helena, a cidade na margem do lago, tão logo chegasse o ônibus vindo da Cidade da Guatemala e a baldeação fosse realizada.

— Mas é bom vocês estarem na parada um pouco mais cedo, às vezes ele sai antecipado — informou-nos o funcionário quando compramos as passagens.

Para evitar surpresas ainda maiores, às cinco horas Marcos e eu estávamos a postos. Às sete o ônibus chegou. Embarcamos e fomos apanhando passageiros ao longo do caminho. Tínhamos 100 quilômetros até Melchor de Mencos, na fronteira, mas nossos problemas começaram bem antes. O asfalto acabou e passamos a andar por uma esburacada estradinha de chão, às vezes na borda de altos precipícios. O velho motorista, que tinha dado carona a uma conhecida, além de não lhe cobrar a passagem, o que encarecia o preço para quem pagava, dirigia enquanto batia papo com a alegre moça, pouco ligando para os perigos da rodovia.

Dirigir displicentemente me pareceu uma norma na região, pois logo encontramos um caminhão tombado. O motorista perdeu o controle da direção, a carreta soltou-se do cavalo e ficou atravessada na estrada, impedindo a passagem dos demais veículos. Era um carro-tanque e o óleo começou a escorrer pela terra, entrando numa valeta e seguindo em direção a um riacho um pouco mais abaixo. Apesar da situação, não me pareceu que estivessem preocupados com o desastre ambiental.

— Perto do que eles já fizeram — comentei com Marcos, vendo o óleo escorrer para o mato —, isso não é nada.

— E o que eles já fizeram? — ele perguntou, enquanto filmava a cena.

— Existem indícios de que o colapso da civilização maia se deveu a uma tragédia ambiental.

Outro caminhoneiro, ainda mais afobado, tentou passar por entre o tanque e o barranco, e acabou entalado, quase nos atropelando. Apesar da curiosidade de Marcos sobre o passado dos maias, interrompemos o assunto bruscamente e corremos para um lugar mais seguro, no meio da estrada. Ele continuou as filmagens — o homem filmava tudo que se mexesse — enquanto fui conversar com algumas pessoas, tinha um ótimo pretexto para uma aproximação mais densa. Xinguei os motoristas, reclamei da péssima qualidade da estrada, falei do atraso na viagem, do perigo de sermos assaltados; mas eles se limitavam a rir timidamente, sacudir afirmativamente a cabeça e dizer que precisávamos esperar, logo alguém apareceria para solucionar *nosso* problema.

Os carros começaram a chegar, de ambos os lados, e cada novo motorista tinha uma idéia diferente para resolver a situação. O óleo escorria à farta, mas a grande preocupação era desatravancar o caminho. Não havia tráfego pesado, tratava-se de moradores locais, especialmente algumas picapes dos agricultores e um ou outro carro de passeio.

Alguns viajantes com quem eu havia conversado em Tegucigalpa tinham me alertado para tomar cuidado na estrada entre Flores e a fronteira com Belize, onde ultimamente estavam ocorrendo muitos assaltos, notadamente com vítimas estrangeiras. Estávamos numa área despovoada, o limite entre os dois países era uma linha imaginária em meio à selva, por onde muitos latino-americanos seguiam para o México e de lá para os Estados Unidos, cruzando a fronteira ilegalmente. Estávamos cansados, havíamos acordado cedo demais, éramos presas fáceis para a ladroagem.

— Para quem levantou às quatro da madrugada pensando chegar em Belize cedo... — comentei com Marcos.

— Não sei como vamos fazer para sair daqui hoje — ele concordou.

Já havia me acontecido algo semelhante na Bolívia, alguns anos antes. Um deslizamento de terra interrompeu a estrada entre Santa Cruz de la Sierra e Cochabamba, e todo o trânsito ficou parado. Ônibus, caminhões boiadeiros e carros particulares iam chegando e aumentando a fila. O acidente aconteceu no começo da noite e acabamos dormindo na rodovia. Pela manhã perguntei ao motorista se iríamos voltar a Santa Cruz, pois não havia sinais de que o problema seria resolvido tão cedo.

— Vamos esperar aqui — ele respondeu.

— Até quando? — perguntei.

— Até que a estrada seja reaberta — ele disse, na maior calma.

— E se demorar uma semana?

— Esperamos.

Eles esperaram, eu não. Peguei minha mochila, subi a montanha e cruzei a pé pela floresta um pouco acima do trecho interrompido, saindo no outro lado do deslizamento, onde alguns carros começavam a voltar para Cochabamba. Consegui uma carona até a cidade e de lá outro ônibus para La Paz. Na capital boliviana fiquei sabendo, pelos jornais, que o trânsito somente fora liberado quatro dias depois. Alguns animais, nos caminhões boiadeiros, acabaram morrendo de sede.

Eu estava para convidar Marcos a fazer o mesmo quando apareceu uma retroescavadeira. Sem a menor cerimônia, e acompanhada com grande alvoroço pelos curiosos, a máquina abriu uma clareira por entre as árvores, no barranco ao lado da estrada, liberando um caminho por onde os carros conseguiram passar. O chão ficou coberto pelas plantas destruídas, mas era o preço cobrado pelo progresso.

Perto do meio-dia chegamos em Melchor de Mencos, onde carimbamos nossos passaportes, pagamos as devidas taxas, trocamos nossos quetzales por dólares belizenses e entramos caminhando em Belize. Havia muitos desocupados na estreita faixa de terra separando os dois países, gente oferecendo obséquios especiais aos recém-chegados. Não precisando de nada; tínhamos os documentos em dia, ignoramos o assédio dos falsos despachantes.

O pino do meu relógio novo havia quebrado uma semana antes, não consegui adiantá-lo uma hora para colocá-lo no horário de Belize. Marcos, notando minha aflição, resolveu elogiá-lo.

— Bonito enrolex.

— Não me deixe esquecer — avisei-lhe —, quando desejarmos saber o horário preciso aumentar uma hora, senão vamos acabar perdendo algum ônibus.

Caracol

Tomamos outro ônibus até Benque Viejo del Carmen e seguimos pela Western Highway em direção ao Caribe, passando ao norte das ruínas maias de Caracol, a grande cidade que chegou a conquistar Tikal. Na época do rei Senhor Água, quando toda El Petén estava sob seu poder, essa megalópole atingiu a incrível população de 150 mil habitantes, quase vinte vezes mais populosa que Belmopan, a capital de Belize, e mais da metade da população atual do país.

Situada num platô a 152 metros acima do nível do mar, Caracol estava no centro de uma grande área agrícola interligada por 60 quilômetros de trilhas utilizadas para transportar as safras das lavouras para a cidade. Por que a cidade se tornou tão populosa é uma pergunta a que os arqueólogos ainda não conseguiram responder, especialmente porque ela sempre esteve no meio de uma grande selva e longe de qualquer fonte d'água.

Desde o século IV a.C. já havia uma pequena aldeia no local, mas a cidade floresceu depois de vencer as guerras com Tikal, já no século VI d.C., quase mil anos após sua fundação. Em 633, o rei K'na II mandou erguer um altar para comemorar a vitória de seu pai, Senhor Água, sobre Tikal, ocorrida em 562.

Uma das maiores metrópoles da Antigüidade, sua população era formada por maias de todas as classes sociais, desde os pobres camponeses até a opulenta realeza, passando pelos comerciantes, artesãos, militares e sacerdotes. Essa grande massa humana formou uma ampla classe média, responsável pela riqueza da cidade-estado. E, provavelmente, pela alta taxa de natalidade das mulheres.

As ruínas foram encontradas em 1938, quando um madeireiro chamado Rosa Mai acidentalmente descobriu seus primeiros blocos de pedra. A seguir, à medida que as estruturas passaram a ser desenterradas e estudadas, os arqueólogos lhe deram o nome de Caracol em razão da grande quantidade de conchas de caracol retiradas do solo. As escavações ainda estão em sua fase inicial e para os belizenses, quando a cidade for totalmente restaurada, rivalizará em atrativos turísticos com Tikal.

No futuro, até pode ser, mas no momento a cidade do rei Ah Cacau é bem mais famosa e interessante de ser visitada do que a cidade do Senhor Água. Uma estrutura chamada Caana (Palácio no Céu) é o mais notável ponto de interesse no sítio arqueológico. Situado na praça B, ao redor da Acrópole Central, o palácio tem 43 metros de altura, sendo não apenas o mais alto prédio de Caracol, mas de toda a Belize atual. Esse edifício, abandonado no meio da selva, dá uma idéia da grandiosidade dos maias, capazes de construir um prédio que se mantém como o mais alto do país há mais de 1.200 anos.

Construído sobre diversas camadas de estruturas mais antigas, o palácio ficou pronto no ano 800. Subindo por uma estreita escadaria chega-se a seu topo, onde há a mais elaborada tumba da cidade, contendo os despojos de uma mulher.

Embora merecesse uma visita, passamos ao largo. Histórica e arquitetonicamente a cidade se assemelhava a Tikal, onde pude ver com mais clareza os detalhes do esplendor maia nesta parte do império. Por isso, meu interesse nos maias de Belize estava mais adiante, em Orange Walk e Lamanai, onde poderia observar novos aspectos da grande civilização.

Nosso ônibus passou por San Ignácio e no meio da tarde chegamos na Cidade de Belize. Embora com apenas 60 mil moradores, trata-se do maior centro urbano do país, cuja população total não passa dos 270 mil habitantes.

Belize

Os primeiros contatos dos europeus com as populações maias que viviam na região onde atualmente se localiza o moderno Estado de Belize se deram no início do século XVI, quando os espanhóis começaram a colonizar a América Central. Inicialmente atraídos pelas madeiras de lei das florestas ao longo da costa do Caribe, os conquistadores foram aos poucos deixando Belize de lado em virtude da animosidade das tribos locais e da necessidade de um trabalho intensivo na exploração dessa riqueza. Eles queriam mesmo era ouro e prata, facilmente encontrados em Honduras e no México.

Os constantes carregamentos de ouro e prata dos navios espanhóis passando pela costa de Belize em direção à Europa atraíram os piratas britânicos que na época infestavam as águas da baía de Honduras. Os *baymen*, como eram conhecidos, aterrorizaram a coroa espanhola por décadas. Grande parte da riqueza roubada dos indígenas centro-americanos acabava nas mãos desses marinheiros, o negócio mais lucrativo do Caribe naquela época.

Como resultado de alguns tratados entre Espanha e Inglaterra, os piratas foram obrigados a trocar o mar pela terra. Os espanhóis cederam uma parte do território belizense para os *baymen* se instalarem, esperando com isso manter a salvo suas demais possessões na América Central. Os *baymen* se dedicaram a transportar madeira para a Europa e por quase um século a Inglaterra teve em Belize seu melhor negócio no Novo Mundo.

Mas quem foi pirata nunca deixará de ser pirata.

Quando perceberam que trabalhar derrubando árvores na floresta era muito mais difícil do que piratear em alto-mar, os *baymen* trouxeram escravos africanos para realizar as tarefas mais difíceis. Em 1790, 75 por cento da população de Belize era composta de escravos.

Com o advento da Revolução Industrial, quando os ingleses passaram a necessitar de trabalhadores assalariados para comprar os produtos saídos das novas fábricas, a escravidão foi abolida no território britânico. Em Belize, no entanto, o final da escravidão demorou um pouco mais, até 1838. Os proprietários de escravos foram indenizados por perderem suas propriedades, enquanto pelos ex-escravos nada foi feito. Além disso, eles ficaram proibidos de comprar suas próprias terras, perpetuando a situação de dependência com relação aos antigos senhores.

Embora a Espanha ainda considerasse Belize seu território, ao longo do século XVIII sucessivos tratados entre os dois países foram dando mais poder aos *baymen* e, por extensão, à coroa britânica. Em 1871, Belize se tornou oficialmente uma colônia britânica.

Ao contrário do que esperavam os *creoles*, a população descendente dos piratas ingleses e dos escravos africanos, a elite local, a nova cidadania não alterou suas vidas, pois a Inglaterra não estava muito interessada na pobre colônia. O negócio da madeira estava chegando ao fim e a possessão centro-americana trazia mais despesas que lucros.

O descontentamento com a Grã-Bretanha se acentuou durante a Primeira Guerra Mundial, quando os soldados belizenses enviados ao *front* foram tratados com desdém pelos militares ingleses, pois não passavam de simples *creoles*. A Grande Depressão, a Segunda Guerra Mundial e a independência da Índia motivaram os nativos a lutar pela independência do país, algo conseguido apenas em 1981. Mesmo assim, a Guatemala não aceitou a nova nação, alegando que Belize fazia parte de seu território. Em 2002, os dois governos assinaram um tratado estabelecendo novas fronteiras, mas o plebiscito que deveria ratificá-lo, em ambos os lados, até hoje não foi convocado.

Após a independência o país vem sendo governado alternadamente por dois partidos, um liberal e outro conservador, mas tanto um como o outro vêm mantendo o poder na base da corrupção e do tráfico de influências. Escândalos, intrigas e acusações mútuas entre políticos governistas e da oposição, independentemente da agremiação que estiver no poder, são a rotina política da nação. A grande diferença social entre os muito ricos e os muito pobres também contribui para o desprezo que os belizenses têm pela classe dirigente, tanto pública quanto privada.

Embora com menos de um terço da população, os *creoles* formam a elite política e econômica de Belize. Outros 40 por cento são de origem mestiça, conseqüência da miscigenação entre indígenas e europeus. Os maias atualmente não chegam a 11 por cento do povo, divididos em três grupos lingüísticos: os *yucatec* vivem no norte, os *mopan* a leste, perto de Benque Viejo del Carmen, e os *kekchi*, no sul. Recentemente refugiados provenientes de El Salvador e da Guatemala vêm se juntando aos maias locais. Os *garinagu* (plural de garifuna), mescla dos negros africanos e dos indígenas centro-americanos, vivem na costa sul do Pacífico e não passam de sete por cento da população.

Como toda ex-colônia, os belizenses teimam em desmerecer os valores locais, considerando as importações, sobretudo dos Estados Unidos, tanto de produtos como da indústria cultural, mais sofisticadas do que a produção nacional. Nas últimas décadas, no entanto, tem-se notado maior valorização da cultura nativa, uma forma de atrair turistas. A herança maia, no interior, e a belíssima costa marítima, repleta de praias paradisíacas, têm incrementado a indústria do turismo, trazendo novas esperanças ao pobre povo desse pequeno país.

Kriol

Por muito tempo se pensou que a língua falada no país fosse apenas um dialeto inglês. Enquanto Belize foi colônia, os europeus se negaram a admitir que o kriol fosse um idioma próprio. Era mais cômodo para os britânicos alegar que a população falava mal o inglês do que admitir que eles deveriam estudar uma nova língua.

Uma série de estudos lingüísticos mais recentes acabou descobrindo, no entanto, que o kriol é um idioma único. Embora seu vocabulário se pareça muito com o inglês, sua gramática está mais próxima das línguas da África Ocidental. Palavras espanholas, *miskitus*, africanas e mesmo algumas próprias também enriquecem a língua dos belizenses.

Para quem fala inglês com sotaque britânico, o kriol, pronunciado pausadamente, pode ser entendido. Mas se duas pessoas estiverem discutindo em altos brados, ou falando pelos cotovelos, o que dizem fica completamente fora de nossa compreensão. Além disso, é comum os imigrantes vindos dos países vizinhos, alfabetizados em espanhol ou em algum dialeto maia, misturarem os vocabulários, aumentando a confusão. Quando eu conversava com algumas dessas pessoas, pedia para falarem em espanhol, uma forma de resolver o problema.

Há um bom tempo, na revalorização cultural nativa, escritores, poetas, ensaístas e mesmo jornalistas vêm publicando em kriol. A língua já é aceita nos meios cultos das áreas urbanas, juntamente com o inglês e o espanhol.

Algumas expressões que devemos saber quando formos a Belize:

Good morning — Gud maanin

Good afternoon — Gud aftanoon

How are you? — Da how yu di du?

I'll see you later — Ah wahn si yu layta

Until next time — Si yu neks taim

Maybe — Maybi

I am sorry — Ah sari

Thank you — Tenk yu

I know — Ah noa

I think so — Ah tink soh
I am thirsty — Ah tosti
I am hungry — Ah hongri
Do you speak creole? — You kud taak kriol?
Speak slowly, please — Pleez taak sloa
I don't understand you — Ah noh andastan yu
Would you say it again, please? — Seh ahn agen noh, pleez?

Cidade de Belize

Ex-capital, Belize foi construída ao lado de uma aldeia de pescadores maias. Servia como porto de exportação de madeira e rum pelos *baymen* durante o século XVIII. Primeiro povoado britânico no continente, foi sede do governo colonial quando a possessão se transferiu do controle espanhol para os ingleses. Por estar na rota dos grandes furacões que volta e meia assolam a região, a capital foi transferida para Belmopan, no interior do país, mantendo, no entanto, seu charme de maior centro urbano belizense, onde continua morando o primeiro-ministro.

A cidade está dividida em dois bairros principais, um de cada lado do arroio Haulover, um dos afluentes do rio Belize. A Swing Bridge une as ruas Albert e Queen, perto da marina, de onde partem os barcos para as inúmeras ilhas ao longo da costa, principais atrações turísticas do pequeno país.

A maior barreira de corais do hemisfério ocidental costeia Belize por mais de 300 quilômetros. Entre essa maravilha da natureza e o continente o mar é raso, quente e cheio de ilhas, paraísos verdes em meio às águas azuis do Caribe. Chamadas *cayes*, duas delas se destacam em especial: Caye Caulker (preferida pelos mochileiros) e Ambergris Caye (preferida pelos ricaços que velejam pelo Caribe). Habitadas por *creoles*, mestiços e alguns europeus que vieram visitá-las e acabaram sucumbindo a seu charme, estão entre as atrações mais procuradas abaixo do golfo do México.

Para os apreciadores do mergulho, a pérola encantada de Belize se chama Blue Hole, em Lighthouse Reef, um profundo poço de águas azuis em meio aos corais. Com 122 metros de profundidade e 305 metros de diâmetro, mergulha-se a 40 metros entre estalactites, esponjas, tubarões e uma infinidade de peixes.

Ao contrário dos demais países da América Central, uma simples caminhada pelas ruas de Belize nos dá a exata noção de sua colonização pelos britânicos. Seus principais pontos de referência são Swing Bridge (construída em 1923, única no mundo a mover-se manualmente para a passagem dos barcos maiores), Court House (construída em 1926, antiga sede do governo colonial), House of Culture (construída em 1814 como residência do governador colonial, um dos mais antigos edifícios da cidade), St. John's Cathedral (construída em 1812, a mais antiga igreja anglicana da América Central). Ainda se pode visitar o prédio do National Art Council ou caminhar pelo Albert Park.

Marcos e eu desembarcamos ao lado da Swing Bridge, nossa única referência da cidade, e saímos à procura de algum hotel dentro do nosso orçamento. Caminhamos bastante até descobrir a North Front Street Guest House, uma hospedaria no segundo andar de uma velha casa de madeira. Pagamos 15 dólares por um quarto duplo, sem banheiro, e o proprietário, um sujeito meio afeminado, se encantou com Marcos. Por conta disso, propôs-se a lavar nossas roupas de graça, com o que ficamos muito gratos.

— Já deu pra ver, os preços por aqui são bem mais caros do que nos demais países centro-americanos — disse Marcos. — Ainda não havia pagado 7,5 dólares por uma diária.

— Por falar em preços — falei-lhe —, precisamos sacar dinheiro em algum banco, meus dólares belizenses estão terminando.

— Minha grana está prevista para cobrir minhas despesas até o final da viagem — ele me confidenciou. — Mas caso precise, você poderia me emprestar algum dinheiro?

— Claro — eu disse —, mas desde que eu consiga sacá-lo no banco.

— Como assim?

Contei-lhe minha história sobre as dificuldades encontradas em Honduras para sacar dinheiro. Não entrei em detalhes, não queria deixá-lo aflito. Apenas disse-lhe que se meus cartões não funcionassem em Belize, pelo menos teríamos o consolo de um chorar no ombro do outro.

Havia uma sala de auto-atendimento em frente ao banco, no centro da cidade, nem precisei entrar no prédio. Enfiei o cartão no caixa eletrônico e ele o engoliu. Detesto esse tipo de máquina, corre-se o risco de o cartão não ser devolvido, às vezes o equipamento está com defeito. Mas, àquela altura, precisava confiar naquele estranho ser de lata. Digitei a senha e o sistema perguntou se eu queria falar em espanhol ou inglês. A pergunta era irrelevante, não estava em meu país, a comunicação em português não estava disponível. Assim, tanto fazia escolher a tecla do *Espanhol* ou a do *Inglês*. No lado de fora da cabine, olhando-me através da porta de vidro, Marcos me esperava, tão ansioso quanto eu: teríamos ou não dinheiro para continuar a jornada?

Ficar sem dinheiro em qualquer lugar do mundo é uma situação embaraçosa, mais ainda em Belize, um pequeno país sem muitas alternativas. Escolhi *Inglês*. Estava mais familiarizado com as expressões técnicas nessa língua, não queria cometer um erro grosseiro, apertar alguma tecla indevida e, em vez do dinheiro, aparecer a polícia. Quando se está viajando sozinho pelo mundo, com saudades da família e dos amigos, e existir a possibilidade de alguma coisa dar errado, pode ter certeza de que vai dar errado — é a lei de Murphy.

Apareceu o cardápio de operações no visor do caixa e, antes de apertar a tecla *cash*, ainda dei uma olhada nas outras pessoas em volta de mim, umas nos caixas, outras na pequena fila que foi se formando na entrada da pequena cabine. Havia três máquinas, todas operando normalmente, meus afortunados vizinhos já estavam colocando o dinheiro no bolso. Bom sinal, pensei, embora em meu íntimo sentisse que se tratava muito mais de um pensamento positivo, de esperança, do que qualquer outra sensação.

Cash!

A máquina ainda apresentou novas opções, queria saber se eu estava usando um cartão de crédito ou de débito. A seguir, perguntou se eu sacaria de minha conta corrente, da conta poupança ou se pretendia fazer algum empréstimo. Empréstimo? Até que seria bom, talvez o sistema bancário da América Central, tão desligado da instituição emissora de meu cartão, se esquecesse de me cobrar no futuro. Mas, pensando bem, eu me contentaria com alguns trocados, viessem de onde viessem. Estava praticamente sem dinheiro, não era hora para ficar em dúvidas de onde ele deveria sair. Apertei a tecla correspondente à conta corrente, digitei o valor e esperei.

Esperei.

A máquina estremeceu, começou a balançar e ruídos estranhos vieram de seu interior. Talvez ela estivesse entrando em colapso, se comunicar com um banco tão distante, a partir do centro de Belize, não era algo muito comum. E se o banco belizense estivesse falando kriol? O computador de meu banco, em São Paulo, entenderia a solicitação? E se ele resolvesse não atender? Podia estar de mau humor, sei lá, vítima de algum vírus. Será que o Corinthians havia vencido a última partida?

Eu não podia fazer nada em especial, apenas esperar, torcendo para a maldita geringonça cuspir dinheiro, era tudo o que eu queria. Pensava num belo jantar, a cozinha local era rica em pescados, poderia saboreá-los acompanhado de uma boa cerveja. Talvez fosse à praia no dia seguinte. Marcos desejava conhecer as ilhas paradisíacas do litoral belizense, seria um ótimo passeio.

Madonna havia gravado um clipe em San Pedro, a vila no centro de Ambergris Caye, um cabo que se prolonga desde o México, onde os ricaços que vagam pela costa do Caribe ancoram seus iates. Poderíamos também ir a Caye Caulker, uma ilha mais ao sul, preferida pelos mochileiros, onde tudo é mais natural e, por isso mesmo, mais barato. Bastaria pegar um barco e poucas horas depois estaríamos nos misturando aos endinheirados em férias no Caribe.

A máquina perguntou se eu desejava um recibo da operação. Era um bom sinal, embora uma vez no Cairo, depois de expelir o documento, o caixa eletrônico resolveu encerrar o trabalho, esquecendo-se de fornecer o dinheiro, deixando-me apenas com o recibo na mão e um débito em minha conta corrente no Brasil. Mas isso, claro, foi no Egito, um país islâmico. Quando os computadores muçulmanos param, não há cristão que os faça voltar ao trabalho.

Queria recibo, sim.

Em Belize os procedimentos mecânicos deveriam ser mais complacentes, o povo local não suportaria tanta enrolação. Nem o povo, nem eu. Embora não adiantasse muito, creio que o equipamento era surdo, eu lhe disse, para espanto das pessoas a meu lado, que se ele não me fornecesse o dinheiro eu o encheria de pontapés.

O caixa eletrônico, talvez meio assustado, deu um último suspiro, tremelicou pela derradeira vez, expeliu meu cartão de débito e uma frase no visor mandou eu apanhar o dinheiro: duzentos dólares belizenses, em cédulas novinhas, com a efígie da rainha Elizabeth II de um lado e uma série de desenhos no outro. Como se não bastasse a presença de Sua Majestade, as notas estavam assinadas pelo governador, pelo secretário das finanças e pelo diretor do Banco Central de Belize. *Issued under authority of the Central Bank of Belize ACT, 1982*, pelo menos era o que estava escrito em seu anverso, e elas me garantiam ser *legal tender for the payment in Belize of any amount.*

Marcos nem estranhou quando lhe dei um beijo na face ao sair da sala de auto-atendimento. Os transeuntes nos olharam com certo espanto, talvez não fosse muito comum verem dois homens dançando na calçada da pequena Belize. Para comemorar, caímos na noite. Após um farto jantar, fomos a um boteco jogar *snooker* e depois tomamos algumas cervejas pelas redondezas.

Tão logo amanheceu embarcamos para San Pedro numa poderosa lancha movida por três poderosos motores de popa de 200 HP cada um. Éramos umas dez pessoas, todos felizes rumo ao verdadeiro Caribe. De lá meu amigo catarinense viajou para o sul, voltou para a Cidade da Guatemala e regressou ao Brasil. Eu ainda fiquei algum tempo na praia, queria descansar da maratona das últimas semanas e me preparar para os desafios das próximas, os dias mais difíceis da viagem.

Uma certa guatemalteca

Embarquei num velho ônibus na estação rodoviária de Belize e segui pela Northern Highway em direção à Orange Walk. A meu lado, uma simpática senhora puxou assunto.

— *¿Usted habla español?*

— Sim.

Dona Maria pretendia visitar um parente no interior, aproveitaria o domingo para reencontrar alguns familiares que também moravam em Belize.

— Saí da Guatemala fugindo da guerra civil — ela me contou, feliz por encontrar alguém interessado em sua história.

— Belize é mais seguro?

— Com relação à guerra sim, embora aqui existam tantos crimes quanto na Guatemala.

— Sente saudades de seu país?

— Sinto, mas aqui é melhor para viver.

— Melhor em que sentido?

— O dinheiro vale mais. Na Guatemala a gente trabalha muito, mas na hora de receber o dinheiro não dá pra nada.

— Pretende algum dia voltar?

— Não sei, mas acho que não. No começo a gente estranha muito, mas com o passar do tempo vai se acostumando e agora já me sinto como se sempre tivesse morado em Belize.

Expliquei-lhe que estava em Belize para conhecer as antigas cidades maias, mas ela não se interessou muito pelo assunto. Longe de seu país, nada a prendia a um passado tão distante, embora seus traços físicos a denunciassem como alguém descendente dos antigos donos da terra. Não se podia esperar algo diferente de uma desterrada, apenas mais uma das tantas vítimas da violência política centro-americana.

Pouco mais de duas horas após nossa partida, passamos sobre a ponte do New River, onde desembarquei. Haviam me informado que seria possível alugar um barco junto aos pescadores na localidade de Tower Hill e seguir para Lamanai.

— Boa sorte — desejou-me dona Maria.

— Obrigado.

Saltei do ônibus e desci a barranca do rio, dirigindo-me para um pequeno cais ao lado da ponte, onde havia alguns barcos atracados. A maioria das pequenas embarcações era movida a remos, simples canoas de pesca. Havia uma lancha mais robusta com um pequeno motor de popa, talvez pudesse alugá-la. Mas era domingo e ninguém se mostrou interessado no trabalho. O único rapaz que se prontificou a me levar até as ruínas, o dono da lancha, pediu um preço desproporcional ao serviço prestado. Além do mais, ele falava apenas kriol, quase não o entendia. Não seria uma boa companhia para entrar na selva num domingo de tarde.

Um certo belizense

Voltei para a rodovia e tentei arrumar uma carona para Orange Walk. Já era quase meio-dia e o sol estava terrível. Não havia o menor movimento na estrada, comecei a me arrepender de ter descido no meio do caminho. Não estava muito longe da cidade, havia sempre a possibilidade de seguir a pé, não fosse o calor desanimador. O próximo ônibus passaria só à noite, precisava contar com a sorte dos viajantes.

Sorte essa que não tardou muito. Lá pelas tantas despontou um velho Cadillac e tão logo ele se aproximou fiz sinal de carona, estendendo o braço com a mão fechada e o polegar em riste, sinalizando Orange Walk. Não sabia se o motorista entenderia meu desejo — nem sempre os sinais significam as mesmas coisas em outras culturas. Já cometi muitas gafes por isso, esperava não estar cometendo mais uma.

Mas Belize, por menos conhecida que fosse deste brasileiro, não estava assim tão fora do mundinho das estradas: o carro parou poucos metros adiante. Corri e antes que eu falasse o motorista mandou-me entrar e sentar no banco de trás, onde havia um garoto. Na frente viajavam o chofer e uma mulher, que julguei ser sua esposa.

— Sou brasileiro — falei tão logo acomodei minha mochila sobre o banco, queria quebrar o gelo.

Ele ficou feliz por eu falar espanhol e creio que mais ainda por saber que eu era do Brasil. Conhecia nosso país pelo futebol, em Belize todos torciam por nossa seleção.

— Não temos um bom time em Belize — ele disse. — Por isso torcemos pelo México e pelo Brasil, mais pelo Brasil.

O Sr. Peter adorava futebol, como todas as pessoas que eu havia encontrado na América Central, e o assunto logo enveredou por esse rumo, especialmente a Copa do Mundo que se aproximava.

— Ronaldinho vai jogar? — perguntou-me sua esposa, entrando na conversa.

— Vai — respondi.

— Bom... — murmurou o Sr. Peter, e parou de falar.

Talvez preferisse ficar imaginando as jogadas maravilhosas que nosso craque protagonizaria no Mundial, o planeta todo estava ansioso para ver o melhor jogador do mundo desfilando seu talento na Alemanha. Sem mais nada falarmos, o simpático casal me deixou na praça central e saí em busca de hospedagem, tarefa facilitada pelas poucas opções disponíveis na cidade.

Cuello

Instalado num pequeno hotel na avenida Queen Victoria, uma estradinha dividindo ao meio a pequena Orange Walk, centro agrícola do norte do país, saí para caminhar. Meu interesse era visitar um local chamado Cuello, quatro quilômetros a oeste da cidade, onde havia algumas estruturas maias. Nada significante em termos arquitetônicos, mas seus vestígios estavam datados em mil anos antes de Cristo, o mais antigo assentamento do Mundo Maia até agora descoberto.

As ruínas ficavam nas terras de uma destilaria de álcool, sendo necessário uma licença para entrar na propriedade. Estava fechada, não encontrei vivalma nas redondezas do prédio, me decidindo a seguir em frente sem a tal autorização. Cruzei um canavial e saí no local desejado apenas para constatar que pouco havia para ver além de algumas pedras no chão e uma pequena pirâmide. Mas valeu pela curiosa sensação de estar pisando num dos lugares mais antigos da História humana.

Segundo os astrônomos maias, a presente era começou no ano 3114 a.C., devendo estender-se até 2012. Assim, pelo calendário maia, estamos a poucos anos do fim do mundo, que deverá sucumbir vítima de terremotos e erupções vulcânicas. Sabemos que por volta de 1800 a.C. uma espécie rústica de cerâmica foi introduzida, ou inventada, na cultura mesoamericana. Em Cuello, a cerâmica já era bem elaborada, uma arte que mais tarde se tornou importante para reconstituirmos as características do antigo mundo centro-americano.

Pela noite, sem ter o que fazer, saí para caminhar pelas ruas desertas da cidade. Alguns prédios de alvenaria, especialmente uma ou outra escola, traziam pintadas em suas paredes instruções sugerindo às pessoas se abrigarem neles em caso de furacões. Belize estava na rota desses desastres, volta e meia um deles sacudia o país. Quanto mais longe da costa, mais seguro, mesmo assim era preciso precaver-se, em especial as crianças.

Um certo mexicano

Afastei-me do centro, enveredei por umas ruelas laterais e descobri, no final de uma pequena vila, uma aglomeração em frente a um bar. Entrei e me deparei com um campeonato de *snooker*, em que dois grupos, devidamente uniformizados, disputavam ferrenhas partidas, acompanhados por duas ruidosas torcidas, a maioria de amigos e familiares. Apesar da disputa, o ambiente entre os contendores nada tinha de hostil.

Bebiam muita cerveja e logo tratei de me acomodar. Sentei-me numa cadeira, ao lado de outras pessoas, e fiquei apreciando o jogo, nada mais havia para fazer, a não ser matar o tempo dessa forma. A habilidade dos jogadores não era lá grande coisa, mas pior seria ficar encerrado no pequeno quarto do hotel. Como sempre, puxei conversa.

— Boa jogada — comentei com o senhor a meu lado, referindo-me à tacada de um jovem jogador.

— *¿Hablas español!?* — admirou-se ele.

— Sim.

— Que bom — ele exclamou. — Os gringos que passam aqui dificilmente falam espanhol.

— Sou brasileiro — comentei, mas ele nem ouviu. Para ele, estrangeiros são todos gringos, não importa se do Sul ou do Norte.

— Meu neto — ele disse, com grande entusiasmo, apontando para o jogador na mesa cuja tacada eu havia elogiado.

Seu José Xavier era mexicano, havia migrado para Belize fugindo da guerra em seu país. Pensei em perguntar-lhe qual guerra, mas desisti. A região estava sempre em conflito, fugir desta ou daquela guerra dava no mesmo.

— Foi há muito tempo. Quando cheguei aqui, não havia estrada, nem automóvel. Agora temos todo este progresso, o senhor deve ter visto. Até luz elétrica.

— Naquela época era melhor? — perguntei, mais para dar corda nele; queria ouvi-lo falar, embora já imaginasse a resposta.

— Muito melhor, meu filho. Muito melhor! Não havia toda esta violência.

— Pensa em algum dia regressar ao México?

— Não! Que isso! Minha terra agora é Belize.

Seu José se levantou, foi ao balcão e voltou com duas cervejas, oferecendo-me uma delas. Fiquei emocionado com a gentileza do velho homem, talvez estivesse gastando seu último dinheiro para agradar ao gringo curioso. Ficamos conversando, ele feliz em me contar sua vida, eu ávido em escutá-lo. Ao término da cerveja, retribui-lhe a cortesia, era o mínimo que podia fazer. Bebemos a segunda cerveja e ele regressou ao balcão, voltando com mais duas. Bebemos, todos bebiam. Como uma pessoa bem-educada, uma vez mais lhe retribuí a gentileza. Bebemos a quarta cerveja e ele foi ao balcão, voltando com mais duas, um homem muito gentil. Retribuí-lhe a gentileza...

Assim passamos boa parte da noite, cada qual mais gentil.

New River

Na segunda-feira bem cedinho saí à procura de transporte para Lamanai, tarefa facilitada por um casal de alemães e um jovem francês na cidade com os mesmos propósitos. Antonio Novelo, um simpático jornalista natural de Orange Walk, depois de percorrer meio mundo regressou à sua cidade para mostrar as ruínas aos estrangeiros que volta e meia apareciam para conhecer Lamanai.

Após as devidas negociações, sempre necessárias para evitar que fiquem ricos à nossa custa, ele providenciou uma lancha com um motor de popa de 40 HP. Comprou mantimentos, água e, claro, repelentes contra mosquitos, e lá fomos nós, rio acima, ansiosos por um pouco de adrenalina.

Antonio Novelo conhecia bem a região e foi nos mostrando a flora e os animais encontrados pelo caminho, especialmente aves e os grandes crocodilos, em abundância, tomando sol nas margens do rio.

Quando víamos um deles manobrávamos a lancha em sua direção e desligávamos o motor, uma artimanha para chegar perto sem sermos notados. Ou, pelo menos, sem espantar os ariscos animais. Mas, como para fazer jus ao nome do lugar, eles quase sempre submergiam e sumiam sob o casco de nosso frágil barquinho de alumínio.

— Não há perigo de sermos atacados? — perguntou o jovem francês.

— Não, eles estão bem alimentados — respondeu Antonio. — Há muita caça nas redondezas, este rio ainda se mantém completamente selvagem.

— A não ser que caiamos na água — eu falei.

Eu não queria assustá-los, era só uma brincadeira, mas ficaram tensos, especialmente a jovem alemã no banco de trás. Antonio, sentado na popa, controlando o motor e manejando o leme, deu uma risada. Logo encontramos um bando de morcegos dormindo no oco de uma grande árvore e esquecemos os crocodilos.

Um pequeno pássaro assustou-se com o barulho do motor e saiu voando na nossa frente. O bichinho não atinava em voltar para o mato, tentando apenas fugir sobrevoando o rio. Por tratar-se de um estreito canal de água em meio à selva fechada, ele voou um bom tempo diante da lancha, para nosso deleite.

Lamanai

O sítio arqueológico de Lamanai, cujo nome original maia era Crocodilo Submerso, está na região norte de Belize, junto à lagoa New River, na cabeceira do rio homônimo, em meio a uma densa floresta tropical. O nome se deve à grande quantidade de crocodilos na área junto à lagoa, enormes animais vistos em abundância quando nos aproximamos do ancoradouro à entrada da cidade fantasma.

Embora grande parte de seus templos continue submersa na selva, visitá-los é uma bela aventura, pois somente são acessíveis a pequenas lanchas a motor, quase três horas rio acima desde Orange Walk, a mais isolada, e por isso menos visitada, das cidades maias em estudo, e para conhecê-la é preciso um pouco de desprendimento e muita paciência. Além, é claro, de um bom estoque de repelente contra mosquitos.

Povoada desde épocas imemoriais, seus prédios mais antigos datam do século VIII a.C. A cidade floresceu no período pré-clássico tardio, tornando-se um grande centro cerimonial muito antes dos demais assentamentos maias na região.

Ao contrário das demais cidades, eles ainda viviam em sua capital quando os espanhóis chegaram em Belize, no século XVI. As ruínas de duas igrejas atestam que os padres europeus tentaram catequizá-los, conseguindo apenas em parte. Quando os freis foram embora, a população voltou a adorar seus deuses tradicionais. Pouco mais tarde a cidade foi abandonada e a selva tomou conta do lugar.

O sítio arqueológico começou a ser escavado apenas em 1970, muito há por ser feito. Os templos estão espalhados em meio à densa floresta repleta de macacos e muitas aves, como o tucano, símbolo de Belize. As gigantescas árvores, ceibas, figueiras e tantas outras, estão repletas de parasitas, como as belíssimas orquídeas negras, a flor nacional.

Caminhando envolto por insuportáveis enxames de gigantescos mosquitos, chegamos ao Templo da Máscara, construído em 200 a.C., e modificado ao longo dos séculos, suas últimas estruturas datando de 1300. Uma de suas laterais está decorada com a máscara da cabeça de um homem.

Com 4 metros de altura, a escultura mostra a face do rei maia saindo da boca de um crocodilo. Nesse mesmo templo foi encontrada a tumba de um homem adornado com conchas marinhas e jóias esculpidas em jade. Ao lado, havia uma segunda tumba, onde estava enterrada uma mulher, provavelmente a rainha.

Uma estela, localizada perto do templo, servia para os maias adorarem seus deuses. Enormes fogueiras eram feitas em sua base, logo apagadas com água. Esse processo de aquecimento e esfriamento repentino repetido ao longo dos séculos acabou danificando a pedra, fazendo-a ruir e desabar.

O mais alto dos templos de Lamanai tem 33 metros de altura, seu penacho sobressaindo-se sobre as copas das árvores. Ele foi construído no local onde anteriormente havia uma grande área residencial povoada por trabalhadores urbanos, por volta do ano 100 a.C., fazendo dele um dos mais antigos centros cerimoniais do Mundo Maia.

Sacrifícios humanos

A leste do estádio de futebol, uma estela estampa a efígie do rei Fumaça Caracol, construída para celebrar o fim de um *tun* (ano maia), bem como o aniversário do reinado do grande monarca da cidade do Crocodilo Submerso. Em sua base, estão enterradas cinco crianças, cujas idades variam entre recém-nascido e oito anos.

Os arqueólogos acreditam tratar-se de uma cerimônia extremamente significante, pois raramente eram feitos sacrifícios humanos como oferendas aos monumentos. Esses, quando se davam, eram dedicados aos deuses, especialmente a Chac, a divindade da chuva, de grande importância para os agricultores, os trabalhadores que sustentavam as extravagâncias dos reis e sacerdotes.

— Em Copán também viveu um rei chamado Fumaça Caracol — comentei com Antonio Novelo. — Seriam parentes?

— Não — ele respondeu. — A fumaça subindo aos céus em forma de caracol era uma forma de se comunicar com os deuses. Por isso, muitos nobres adotavam esse nome.

Perto do complexo residencial está o Templo do Jaguar, também modificado muitas vezes ao longo dos séculos, uma demonstração da longevidade do reino de Lamanai. Mesmo assim, todas as alterações pelas quais a pirâmide passou sempre seguiram as tendências da arquitetura maia, mesmo após a influência dos colonizadores europeus, uma demonstração do apego à sua cultura.

As severas limitações enfrentadas pelos antigos arquitetos precisaram ser suplantadas com muita habilidade. Seus prédios impressionam tanto pelo descomunal tamanho quanto por sua magnífica beleza. As pedras lavradas em suas fachadas e as refinadas cristas dos templos foram lapidadas tendo como único objetivo expressar o belo de seus artistas.

Eles não conheciam o arco tradicional e em seu lugar utilizaram o chamado arco maia, ou falso arco, formado por dois muros inclinados um sobre o outro, quase se tocando no alto, unidos por uma pedra angular. O resultado é uma construção mais triangular do que redonda, não muito resistente e que, por causa de sua altura, cobre um espaço mais estreito. Por esse motivo, a cimentação e a subestrutura desses edifícios precisavam ser muito resistentes. Como acabamento, as pedras eram revestidas com gesso e pintadas de vermelho.

Importante também lembrar que eles não tinham animais de tração nem conheciam a roda. Cada pedra, por mais alto que fosse seu lugar na pirâmide, foi levantada manualmente por homens decididos a deixar suas marcas na História, um trabalho incansável durante anos.

Almoçamos no local, comendo todas as porcarias enlatadas trazidas por Antonio. Caminhamos um pouco mais, agora cada um para seu lado, dando vazão às curiosidades individuais, e voltamos para a cidade. Começou a chover, um pingo lá outro cá, apenas o suficiente para inibir o uso de nossas câmeras fotográficas. Logo desabou um temporal, o vento sacudia nossa pequena embarcação, isolando ainda mais nossas imaginações naquele mundo tão desolado.

Na chegada ao pequeno porto, a algumas quadras de meu hotel, ainda pudemos ver muitos crocodilos, alguns tomando sol na margem do rio. Adultos passavam apressados, crianças brincavam descontraídas, humanos, animais e selva integrados num mesmo ambiente. A cena estava mais para bucólica do que para hostil, estilo de uma vida romântica que não tem mais espaço num mundo por nós chamado de *moderno*.

México

Península do Yucatán

Em Orange Walk peguei uma carona num caminhão carregado de cana-de-açúcar e segui para o norte, até a cidade fronteiriça de Corozal, onde embarquei num microônibus para Chetumal, no estado mexicano de Quintana Roo, na península do Yucatán, por onde entrei no México.

Cruzar fronteiras sempre é motivo de estresse, seja onde for. Já atravessei tantas que até desisti de contá-las, mas a sensação é sempre a mesma: insegurança e constrangimentos. Nas bibocas do mundo temos problemas com a língua e burocratas corruptos, somos pouco mais que contrabandistas; nas esquinas movimentadas temos problemas com as drogas e burocratas autoritários, somos pouco mais que terroristas.

Lá e cá, nos constrangem e nos humilham, sempre nos dando a entender que estão fazendo um favor em nos deixar entrar em seus países, um cerceamento da liberdade de viajar que, paradoxalmente à suposta globalização, cada ano fica mais complicado. Agora, para entrar no México, os brasileiros precisam de visto. Meu passaporte está repleto de carimbos mexicanos, marcas das viagens anteriores, mas desta vez precisei ir a São Paulo antes de partir para a América Central para obter meu visto de entrada no país asteca.

Meus documentos estavam em ordem, mesmo assim demorei horas para sair de Belize e entrar no México. O que teoricamente deveria facilitar-me a vida, a enorme quantidade de carimbos em meu passaporte, muitas vezes complica ainda mais. Tanto os alfandegários belizenses quanto os mexicanos queriam saber por que eu viajava tanto, normalmente cruzando as fronteiras em lugares pouco movimentados. Mesmo assim, o que mais me aborreceu foi pagar uma taxa de 18 dólares para deixar Belize.

— Desse jeito, vocês vão acabar com o turismo em Belize — reclamei para o oficial, mas ele não me pareceu muito preocupado com minha crítica.

A vantagem foi que, ao entrar no México, meu relógio voltou a marcar a hora local corretamente.

Chetumal

Cheguei na cidade, às margens da baía de Chetumal, ao cair da tarde, a pior hora para se aportar numa localidade estranha. Caminha pra cá, caminha pra lá, uma trabalheira danada para encontrar uma pousada razoável. Logo logo descobri que os preços mexicanos eram bem mais salgados do que os valores pagos nos países da América Central, mais altos mesmo que a já cara Belize. Eu precisara rever, com alguma urgência, minha previsão financeira.

Passei a noite em Chetumal e no dia seguinte deliciei-me no museu de la Cultura Maya, o melhor que encontrei nesta expedição. Principal atração da cidade, visitá-lo justifica todos os esforços para chegar na isolada fronteira México-Belize, uma das zonas mais primitivas do país. Curiosamente, eu havia começado meus estudos sobre os maias por esse museu, ao consultar suas informações antes de sair do Brasil. Conhecê-lo pessoalmente foi, portanto, um deleite.

Instalado num prédio em forma de pirâmide, no centro da cidade, com uma valiosa coleção de esculturas, jóias, entalhes, estelas e diversos murais reproduzindo cenas da vida cotidiana dos maias, seu acervo está distribuído em três andares, espelhando a cosmologia maia. No térreo está representado o mundo dos seres vivos, em que os maias vivem; no andar superior, o céu, e no subsolo, o inframundo, o lugar embaixo da terra para onde vão todos os espíritos, tanto os bons quanto os maus.

A importância da visita, no entanto, não se restringiu à apreciação dos objetos expostos. Um museu com um centro de documentação tão qualificado me serviu para uma rigorosa avaliação sobre as pesquisas feitas ao longo da viagem. Muitas informações colhidas pelo caminho precisaram ser descartadas; entravam em total conflito com os estudos realizados pelos técnicos do museu. Outras tantas foram confirmadas.

O mais importante, contudo, foi poder adicionar às minhas anotações preliminares uma série de dados levantados durante a expedição, frutos das minhas observações e das entrevistas com as pessoas envolvidas em cada comunidade, o que ajudava a esclarecer um pouco mais o passado dos maias. Combinei com os administradores do museu que, tão logo meu livro fosse publicado, eu lhes remeteria uma cópia, uma forma de retribuir a gentileza com que fui recebido.

Saí feliz do prédio, porém a felicidade turvada ao me lembrar de que precisava sacar dinheiro. Um pouco tenso, parti em busca de algum banco. Não foi difícil encontrar, os serviços bancários mexicanos, mesmo em Chetumal, são muito eficientes. Entrei na sala de auto-atendimento, enfiei meu cartão de saque no caixa eletrônico e o dinheiro saiu sem dificuldades, belas notas de 20 pesos mexicanos com a efígie de Benito Juarez. Pelo visto, meus problemas financeiros haviam acabado.

Embarquei num moderno ônibus e fui adiante, com todo o conforto, seguindo pela rodovia MEX 307. Deixei a região conhecida como Costa Maia, passei pelo lado ocidental da Reserva da Biosfera Sian Ka'na e, 250 quilômetros depois de ter deixado Chetumal, entrei no Pueblo de Tulum, uma pequena vila na chamada Riviera Maia, na costa do mar do Caribe, a poucos quilômetros das magníficas ruínas de Tulum.

Tulum

A vila praiana se formou nos dois lados da rodovia que liga Belize à famosa praia de Cancun, 130 quilômetros mais ao norte. Desci do ônibus e fui direto ao Weary Traveler Hostel, um albergue de dois andares, com todos os quartos dando para um amplo pátio arborizado, e uma cozinha ao ar livre.

— Tem uma cama para um viajante exausto? — perguntei, fazendo uma brincadeira com o nome da hospedaria.

— Tem — respondeu o simpático recepcionista, a própria recepção numa meia-água sob uma árvore. — Se você está mesmo extenuado, trate de descansar, porque todas as noites temos aulas de salsa, e de graça, aqui no pátio.

Dividi o dormitório de dois beliches com um rapaz israelense e duas jovens italianas. A maioria dos turistas estava em Tulum em razão de suas praias maravilhosas, atraídos tanto pelas belezas naturais como pelo baixo custo de vida. Achei o albergue caro, reclamei que nessa viagem ainda não havia pagado diária de 12 dólares, mas logo confirmei os exagerados preços mexicanos.

Mesmo assim, baratíssimo para os padrões europeus e estadunidenses. Além disso, o clima *underground* da cidadezinha atraía também muitos casais homossexuais, masculinos e femininos, pessoas divertidas que ajudavam a alegrar e descontrair o ambiente dos bares durante as quentes noites caribenhas. Exceto quando se metiam a dançar salsa, uma tragédia total.

O Acabar, de propriedade de uma bela jovem européia, era de longe o bar mais freqüentado pelo pessoal mais descolado. Com música caribenha ao vivo, podia-se beber uma cerveja León (cerveja preta, tipo munique), comer *asada* (tortilha de milho recheada com carne de boi desfiada, abacate, tomate e repolho) e fazer novos amigos.

— Meu problema é a *marijuana* — disse uma noite o percussionista ao deixar cair as baquetas no chão.

Todos aceitaram a desculpa, ninguém duvidaria da afirmação do rapaz. Ele nem precisou prolongar-se em mais explicações, suas dificuldades podiam ser constatadas a distância, estavam na cara.

No dia seguinte fui explorar o sítio arqueológico, uma caminhada de pouco mais de uma hora até as ruínas, na beira do oceano Atlântico, quase em frente à ilha de Cozumel. O sol ardia e o calor estava insuportável, mas o passeio foi agradável graças à beleza do lugar. A vegetação exuberante chegava até as palmeiras verde-musgo, na orla da praia. As areias brancas, repletas de reentrâncias, eram constantemente invadidas pela água azul-celeste do mar. Mais além, nos arrecifes, o oceano se cobria de azul-cobalto, uma prova do bom gosto dos maias em localizar sua cidade neste ponto do litoral.

Cercada por muros em três lados e protegida pelo mar do Caribe, Tulum (muralha) floresceu no período pós-clássico tardio. Seus habitantes estavam divididos em três classes sociais: a classe alta, que se dedicava às atividades relacionadas ao governo, à religião, à guerra e ao comércio; a classe média, formada pelos burocratas e artesãos, e a classe baixa, composta pelos pescadores, caçadores e agricultores, em particular os plantadores de milho, feijão e mandioca.

As classes alta e média viviam dentro da cidade murada, embora em construções diferentes, pois existiam palácios luxuosos e casas simples. A classe baixa, a mais numerosa, vivia no lado de fora dos muros, exposta aos ataques das cidades inimigas. Como se tratava de um importante centro religioso, como demonstra a presença de muitos altares, havia diversas entradas na cidade para a população adorar livremente o deus Descendente, a divindade local, especialmente nas festividades em que as grandes oferendas eram feitas para atrair chuvas e boas colheitas.

Com três andares, o prédio conhecido como O Castelo, nome dado pelos espanhóis, é a mais alta das edificações de Tulum. Localizado sobre um promontório de arenito, ele se encontra 12 metros acima do nível do mar. Situado no extremo leste da cidade murada, de costas para o oceano, lá embaixo, foi construído em distintos períodos, servindo como templo de adoração ao deus Descendente, cuja imagem de estuque pude ver em sua fachada ocidental.

A larga escadaria que leva a seu templo superior, bem como uma série de outras características arquitetônicas toltecas, atesta a influência dessa outra importante civilização nativa do atual território mexicano junto à cultura maia nos últimos anos de sua existência.

Porto marítimo

Tulum serviu como importante centro de distribuição de produtos agrícolas, seu porto alimentando as rotas mercantis percorridas pelas canoas que faziam o comércio entre os povoados da costa caribenha, no continente, e as aldeias da ilha Cozumel. Diferentemente das outras cidades maias, todas nas selvas do interior, a maioria delas em locais impróprios para grandes centros urbanos, Tulum floresceu em virtude de sua localização.

Além da guerra e da agricultura, o comércio foi uma das atividades mais importantes desse povo. Eles chegaram a criar uma complexa rota comercial ligando não apenas as cidades maias, como também outras povoações, tanto no norte e no oeste do México como em lugares mais ao sul, tão distantes quanto a Costa Rica, o Panamá e mesmo a Colômbia.

Os ricos mercadores, pertencentes à classe dos nobres, utilizavam escravos para transportar as mercadorias por terra ou em canoas que chegavam a medir 16 metros de comprimento. Singrando os rios e mesmo o mar, eles vendiam mel, tabaco, conchas marinhas, sal, peixe seco, pérolas, penas de pássaros e peles de jaguar, importantes para a confecção das vestimentas da realeza.

Além do escambo, nos mercados também eram feitas compras e vendas, operações que utilizavam grãos de cacau como moeda corrente. Essa planta era tão importante que alguns monarcas a usavam como título de nobreza, como o famoso rei Ah Cacau, de Tikal.

Valladolid

Depois de visitar as ruínas, passei alguns dias descansando nas vilas caribenhas da Riviera Maia. Existe uma infinidade de praias entre Tulum e Cancun, no continente, e outras tantas nas ilhas, como em Isla Mujeres e na belíssima Cozumel, maior centro de mergulho do Caribe, uma das ilhas mais visitadas do mundo graças aos documentários de Jacques Cousteau.

Chamada de Ah-Cuzamil-Petén (ilha das andorinhas) por seus antigos moradores, seus primeiros prédios foram construídos por volta do ano 300 d.C. Durante o período pós-clássico, Cozumel floresceu como centro comercial, negociando com Tulum, além de se constituir num dos mais importantes centros cerimoniais da península do Yucatán. As mulheres deveriam visitá-la pelo menos uma vez na vida, pagando tributo a Ixchel, a deusa da fertilidade.

No continente, encantei-me especialmente com Playa Del Carmen, na metade do caminho entre Tulum e Cancun, de onde saem os barcos para Cozumel. Eu havia percorrido a região alguns anos antes e fiquei impressionado com o surgimento de tantos balneários repletos de turistas onde antigamente havia apenas mato e areia, um deserto habitado por meia dúzia de pescadores.

Foram alguns dias de merecido ócio, preparando-me para a travessia do sul do México, meu desafio nas semanas seguintes. Além de cruzar os estados de Quintana Roo, Yucatán e Campeche, os três na península do Yucatán, ainda cruzaria os estados de Tabasco e Chiapas, por onde reingressaria na Guatemala. Havia muito com o que me preocupar, sobretudo acerca de minha passagem por Chiapas, o mais pobre, e por isso mais violento, dos estados mexicanos, suas montanhas e selvas controladas em grande parte pelos zapatistas.

De volta à estrada viajei para o noroeste, passando por Cobá. Essas ruínas incluem o início de uma longa rede de passarelas de pedra, chamada *sacbeob*, conectando Cobá a Yaxuná, mais de 100 quilômetros a oeste, perto de Chichén Itzá. Trata-se do mais longo caminho pavimentado construído pelos maias de que se tem notícia, mostrando, além da capacidade dos seus engenheiros, a riqueza e a opulência das cidades-estado da península do Yucatán.

Entrei no estado do Yucatán e me estabeleci em Valladolid, uma pequena cidade colonial nas proximidades do sítio arqueológico de Chichén Itzá, meu destino seguinte na Rota Maia. Eu já havia visitado Chichén Itzá alguns anos antes e estava ansioso para rever a espetacular cidade.

Valladolid fora construída sobre um centro cerimonial chamado Zaci, nome dado a um pequeno cenote existente em sua área urbana. Por uma escadaria, pude descer até o fundo do grande poço, e cheguei quase ao nível das águas. Localizava-se perto do albergue La Candelária, onde eu estava hospedado, sendo-me possível passar algumas manhãs agradáveis dentro da velha gruta, na qual no passado os maias jogavam as vítimas de seus sacrifícios.

Minhas sandálias, rotas desde Tikal, como bem observara Marcos, arrebentaram de vez: uma das tiras se rompeu completamente; o solado, gasto de tantas caminhadas, desprendeu-se, deixando-me descalço. Comprei uma nova numa sapataria no centro, após uma longa pechincha, embora o preço fosse bem razoável. Mesmo assim, imaginei, e sem me enganar, que poderia pagar ainda menos que o valor estampado na etiqueta, apenas um número de referência para uma negociação inicial.

— É de couro e totalmente costurada — garantiu-me o sapateiro. — O senhor poderá até vadear algum córrego, ela não estragará — foi seu último argumento.

— Vou testá-la com carinho — prometi.

O barbeiro, em que cortei o cabelo e fiz a barba algumas vezes, tanto quanto o sapateiro era um dos sujeitos mais bem informados da cidade. Em poucos encontros fiquei sabendo das fofocas correntes sem precisar ler jornal, desde os nomes dos políticos corruptos até quem estava traindo quem. Falou-me muito de suas tesouras, quase um lamento, quando lhe disse morar no Brasil.

— Eu usava uma tesoura brasileira, muito boa — disse, pensativo. Pena que sumiu das lojas, agora só há essas marcas de péssima qualidade.

No mercado público, outro lugar onde costumo encontrar a alma da cidade, descobrindo um pouco mais das tradições de seu povo, em especial seus cheiros e sabores, costumava comer ótimos tacos, uma tortilha de milho enrolada e recheada com feijão, queijo e carne, tudo muito bem temperado, como manda a tradicional cozinha mexicana. Deliciava-me também com o tradicional *guacamole*, uma salada espessa de abacate com cebola, pimenta, limão e tomate.

Enquanto almoçava gostava de apreciar o intenso movimento, as populações indígenas traziam seus excedentes para vender aos moradores urbanos, conseguindo dinheiro para comprar produtos industrializados, principalmente ferramentas agrícolas e combustíveis. Nada melhor do que o comércio para deixar um povo feliz. Compravam e vendiam de tudo, voltando para casa alegres e satisfeitos.

Em Valladolid embarquei num *colectivo*, um serviço de camionetas utilizado para transportar os moradores locais entre Valladolid e as vilas próximas, e segui até Chichén Itzá, pouco mais de uma hora de estrada. Minha estratégia de dormir perto da zona arqueológica deu certo, pois cheguei bem antes dos ônibus com os turistas vindos de Cancun.

Chichén Itzá

Para a maioria dos arqueólogos, as primeiras construções em Chichén Itzá (beira do poço do povo itzá) começaram a ser feitas no início do período clássico tardio, pouco depois do ano 800, em virtude de suas características puramente maias. Menos de um século depois a cidade foi abandonada. Por volta do ano 1000 os maias voltaram para sua grande capital, porém governaram sozinhos por pouco tempo.

Os toltecas, povo guerreiro do norte da atual Cidade do México, invadiram Chichén Itzá, conquistando-a. Mesmo assim, em razão da superioridade cultural maia, os novos senhores não conseguiram impor suas tradições completamente. As duas culturas se fundiram, especialmente em seus aspectos arquitetônicos e religiosos.

Chac-Mool, o deus maia da chuva, passou a conviver lado a lado com Quetzalcóatl, a serpente emplumada dos toltecas. Diversos monumentos refletem essas transformações, as três vezes em que a cidade foi reconstruída ao longo de sua história. Rodeada pela vegetação tropical, suas pirâmides, seus templos, colunatas, plataformas, palácios e monumentos revelam a extraordinária capacidade dos arquitetos pré-colombianos em construírem obras extraordinárias.

Tanto os templos dos Jaguares, dos Guerreiros, de Chac-Mool e dos Banhos de Vapores assim como o palácio das Monjas e as plataformas dos crânios, das águias e dos jaguares, entre tantos outros edifícios suntuosos, eram muito mais imponentes do que as construções européias da mesma época. No seu auge, entre os anos de 1100 e 1350, Chichén Itzá chegou a ter 80 mil habitantes em sua zona urbana.

Os toltecas levaram sua obsessão pelos sacrifícios humanos a um nível nunca visto antes na cultura maia, na qual tanto líderes inimigos como seus próprios heróis eram decapitados em oferendas aos deuses, rituais nos quais o sangue humano jorrava para irrigar a terra em busca de fertilidade para as novas colheitas. Os sacrificados marchavam com destemor para a morte, pois isso traria grande status para suas famílias, principal forma de ascensão social no reino.

Por causa da santidade adquirida pelo lugar, a realeza resolveu transferir a capital política para outra cidade, Mayapán, mais a oeste, transformando Chichén Itzá em capital religiosa. Algo semelhante havia sido feito bem antes, no Egito, onde Mênfis era a capital política e Tebas, ao sul, a capital religiosa dos faraós. Ao contrário do reino africano, no entanto, inexplicavelmente essa duplicação de funções levou Chichén Itzá ao declínio, sendo abandonada no século XIV. Poucas décadas mais tarde, a selva havia tomado conta do lugar.

Pirâmide de Kukulcán

A fusão das tradições arquitetônicas do planalto central mexicano e as maias fez de Chichén Itzá uma cidade única entre as metrópoles da península do Yucatán, como demonstra a fabulosa pirâmide de Kukulcán (Quetzalcóatl, em tolteca), que os espanhóis passaram a chamar de El Castillo, atualmente o mais conhecido símbolo do Mundo Maia, maior atração turística da Mesoamérica.

Sua forma atual, construída sobre uma pirâmide menor, de estilo maia, é maia-tolteca, pois em suas escadarias estão esculpidos tanto serpentes emplumadas como guerreiros toltecas. Com 25 metros de altura, suas quatro escadas laterais, com 91 degraus, mais o degrau da plataforma superior, totalizam 365 — o número de dias do ano. Cada um de seus nove níveis (os nove níveis do inframundo) é dividido em dois por uma escada, criando 18 terraços, os 18 meses do ano maia. Trata-se, portanto, de um grande calendário esculpido em pedra.

Durante os equinócios da primavera e do outono, luzes e sombras naturais formam uma série de triângulos na lateral da escada do lado norte da pirâmide, criando a imagem de uma serpente. A figura é completada com uma cabeça de serpente esculpida na base da escada. Sua imagem *sobe* em março e *desce* em setembro.

Munido de uma licença especial, pude visitar o interior da Kukulcán, por dentro da antiga pirâmide maia. Uma porta baixa e um estreito e longo túnel dão acesso a uma tumba, onde há um trono em forma de jaguar vermelho com olhos de jade e uma figura de Chac-Mool. Infelizmente, não pude escalá-la, isso agora é proibido por causa de alguns acidentes anteriores. Menos mal que, alguns anos antes, eu já a havia visitado, época em que pude galgar todos os degraus da íngreme escadaria e chegar a seu topo, um belo desafio.

A magnífica restauração da pirâmide e a limpeza dos demais prédios, aliadas a uma conservação requintada de todo o sítio arqueológico, colocaram Chichén Itzá no centro do turismo internacional, a ponto de a pirâmide ser escolhida uma das novas Maravilhas do Mundo. Hordas de visitantes incansáveis se sucedem entre os monumentos, transformando o local num grande museu a céu aberto. O fácil acesso e a ótima infra-estrutura adjacente possibilitam às pessoas de todas as idades um maravilhoso contato com a arquitetura maia.

Para quem gosta de realizar suas próprias pequenas descobertas, embrenhar-se na solidão da selva, imaginação em punho, como convém a um bom observador do passado, Chichén Itzá decepciona. A história que ela conta está ali, completa, somos apenas um observador distante. A lengalenga dos guias, cada qual querendo impressionar de forma mais dramática os boquiabertos turistas, afasta ainda mais o Mundo Maia da nossa imaginação, distanciando-nos da grande aventura humana protagonizada por esse magnífico povo.

Astronomia & futebol

Cinco séculos antes de o cônego e astrônomo polonês Nicolau Copérnico (1473-1543) ter sugerido que a Terra girava em torno do Sol e não o contrário, os maias tinham torres de observações astrológicas. Seus matemáticos utilizaram o número zero antes dos europeus, e seus médicos eram capazes de realizar pequenas cirurgias.

Por isso, um dos prédios que eu mais tinha curiosidade em visitar novamente era o El Caracol, assim chamado pelos espanhóis devido à sua escada interior em espiral. Trata-se de um dos mais fascinantes e importantes prédios construídos na cidade. As janelas em seu domo se alinham com algumas estrelas em certas datas específicas, possibilitando aos sacerdotes determinar as ocasiões em que deveriam ser realizados os rituais sagrados, as celebrações religiosas, as plantações e as colheitas.

Os cálculos astronômicos realizados em Chichén Itzá eram impressionantemente exatos, sendo-lhes possível determinar eclipses com precisão. Seu ciclo de Vênus tinha um erro de apenas duas horas em cálculos de quinhentos anos. Todas as cidades possuíam os seus observatórios, sendo esse o mais bem preservado.

Os números maias eram expressos de forma refinadamente simples. Para contar de um a quatro utilizavam pontos; uma barra horizontal significava cinco; uma barra com um ponto em cima, seis; com dois pontos, sete, e assim por diante, até nove. Duas barras significavam dez; três barras, 15. O número mais alto usado com freqüência era o 19, representado por três barras com quatro pontos em cima.

Para escrever números maiores empilhavam números de zero a 19, uns sobre os outros. O número inferior mostrava um valor entre um e 19, o seguinte representava vinte vezes seu valor, o terceiro vinte vezes vinte o seu valor. As três posições juntas podiam chegar a representar números até 7.999. Acrescentando mais números sobre a coluna podiam chegar ao infinito. O zero era representado com a figura estilizada de um casco de tartaruga. Graças a esses sistemas numéricos, encontrados em todos os monumentos, foi possível saber com precisão as épocas de suas construções, datando assim a própria história do Mundo Maia.

Outra obra impressionante em Chichén Itzá é o estádio de futebol, o maior do Mundo Maia, com 135 metros de comprimento. Ornado com belos templos em suas duas cabeceiras e com as laterais cercadas por altos muros, onde estão encravados anéis de pedra, por dentro dos quais a bola deveria passar, reunia grandes multidões em torno de suas atividades. Praticado com uma compacta pelota de borracha, o jogo teve suas regras alteradas durante a invasão tolteca.

Existem entalhes mostrando a bola impulsionada por uma raquete, outras chutadas com os pés.

Em seus muros estão gravadas cenas de decapitação, pois as disputas tinham como principal objetivo as cerimônias religiosas. A maioria dos textos que li sobre essas oferendas atesta que o capitão do time perdedor era decapitado, mas os guias profissionais em Chichén Itzá contam que o sacrificado era o vencedor. Seu sangue servia para irrigar a terra, uma oferenda sagrada ao deus Chac-Mool e, portanto, uma atitude santificadora.

Cenote

Caminhei pouco mais de 300 metros por uma trilha pavimentada até chegar ao cenote, um profundo poço natural com 60 metros de diâmetro e 35 de profundidade. Responsável pelo próprio nome da cidade, era um dos espaços mais sagrados do lugar. Os moradores das redondezas faziam grandes peregrinações ao local levando as oferendas utilizadas para saldar as promessas feitas a Chac-Mool. Eles atiravam ex-votos nas águas, muitas vezes jóias que iam se juntar aos corpos dos humanos sacrificados, uma forma de agradar ao grande deus.

Os principais pedidos à divindade eram paz espiritual, saúde física, prosperidade e, especialmente, chuva abundante para as lavouras, pois devido ao tamanho da cidade eles precisavam produzir cada vez mais alimentos numa terra beirando o esgotamento produtivo.

A cidade começou a se tornar uma grande atração turística tão logo o empresário mexicano de origem espanhola Manuel Barbachano Gómez Rul a localizou, num terreno de 80 hectares, em 1929. Ele promoveu a exploração do sítio arqueológico, declarado Patrimônio da Humanidade pela Unesco em 1970, ano em que o México foi sede da Copa do Mundo em que o Brasil se tornou tricampeão mundial de futebol.

As descobertas arqueológicas feitas na região por pesquisadores mexicanos, alemães, ingleses, espanhóis, norte-americanos, franceses, italianos e russos vêm revelando a grandeza da civilização mais notável do Novo Mundo. Os grandes avanços tecnológicos dos maias e seus conhecimentos de matemática e astronomia têm deixado a todos intrigados.

Essa garimpagem seria bem mais eficiente se os espanhóis, em sua cruzada para eliminar o paganismo, não tivessem destruído grande parte dos textos maias. O bispo Diego de Landa, apenas para citar um exemplo, que viveu no Yucatán entre 1549 e 1578, protagonizou um dos piores atos de vandalismo cultural da História, mandando queimar todos os manuscritos maias que lhe caíram nas mãos.

Chiapas

Peguei um ônibus em Valladolid no meio da tarde e viajei para Mérida, capital do estado do Yucatán, aonde cheguei no começo da noite. Tive tempo apenas para jantar e embarquei novamente com destino à moderna cidade de Palenque, alcançada na manhã seguinte, uma noite inteirinha na estrada.

Enquanto dormia atravessei o estado mexicano de Campeche e ingressei em Chiapas, na costa do Pacífico, no extremo sul do México, a região mais pobre do país, coberta de selvas e populações indígenas em constante conflito. Há poucos anos, liderados pelo comandante Marcos, eles se uniram sob o Exército Zapatista de Libertação Nacional e iniciaram um movimento guerrilheiro que até hoje se faz presente na região.

Estabelecido em Palenque e depois de percorrer suas ruas para um contato com as pessoas do lugar, fui procurar um bar para assistir à estréia do Brasil na Copa do Mundo da Alemanha. Não foi difícil, todas as casas comerciais, a exemplo do Brasil, tinham enormes aparelhos de tevê ligados esperando o grande jogo.

— Hoje começa a Copa do Mundo — falei para o garçom do restaurante em que me instalei, ainda antes do almoço, para ver o jogo no começo da tarde.

— A Copa começou na semana passada — ele disse.

— Aquilo foi a preliminar, hoje começa pra valer.

Ele riu muito, mas disse concordar comigo. Almocei *comida corrida*: sopa de galinha com batatas e um prato feito com pasta de feijão moído, arroz com ervilha, fatias de plátano frito, um pedaço de galinha frita e muitas tortilhas. Na mesa ao lado, dois senhores bebiam cerveja desde o começo da manhã. Estavam também esperando o jogo, um deles se dizia fanático pelo Brasil. Quando os times entraram em campo eles pediram para o garçom desligar a música ambiente e aumentar o volume da tevê.

— Vai começar o jogo do Brasil — o mais velho disse, dirigindo-se a mim. — Se o senhor não se incomoda, preferíamos ouvir o narrador da tevê.

— O amigo fala espanhol? — perguntou o mais novo.

— Sou brasileiro — falei, para espanto deles. — Também estou aqui para ver o jogo.

— Brasileiro! — exclamou o mais velho. — Pensei que fosse gringo, estava aí quietinho, sem falar.

— Estava me concentrando.

— Toma uma cerveja? — perguntou o mais jovem.

— Tomo.

— Então venha para nossa mesa, nos acompanhe numa cerveja enquanto vemos o jogo.

Sentei com eles, o garçom desligou a música ambiente, trouxe mais cerveja e aumentou o volume da tevê. Meus dois novos amigos estavam esperando especialmente pelas jogadas de Ronaldinho Gaúcho. Estavam ali para ver um show de bola, o Brasil tinha o melhor time do mundo, os craques brasileiros eram imbatíveis, a atual geração havia superado todas as outras. Parecia a arquibancada do Maracanã.

Tentavam me convencer de que o Brasil ganharia a Copa, pareciam mais brasileiros do que eu, um apaixonado por futebol, especialmente pelo Grêmio, clube em que Ronaldinho iniciou sua carreira.

O tempo foi correndo, a partida estava morna, nada de excepcional de nossos craques. Eles não perdiam as esperanças, "o Ronaldinho já vai começar a brilhar", diziam, mas nada acontecia. A estréia brasileira só não foi mais decepcionante porque nossa seleção ganhou, um placar apertado demais para quem chegou como franca favorita. O pessoal se dispersou, cabisbaixo; eu voltei para a pousada.

O hoteleiro cobriu o terraço do pequeno prédio de três andares com uma cobertura de zinco, cercou com meia parede de tijolos e uma série de janelas de vidro, construiu um banheiro num dos cantos, acrescentando à sua pousada um amplo dormitório com algumas camas onde mochileiros se hospedavam ao preço de cinco dólares a diária. Com alguns trocados extras podia-se mandar lavar a roupa ou almoçar galinha assada com arroz, feijão e abacate.

Foi a cidade mais quente encontrada nesta viagem, especialmente o dormitório coberto de zinco. Deixávamos as janelas sempre abertas, para entrar um pouco de ar, mas o gigantesco quarto só refrescava alta madrugada. Duas jovens holandesas nas camas ao lado da minha insistiam em andar nuas pelo quarto, fugindo ao calor e criando certo constrangimento entre os rapazes que volta e meia apareciam para dormir. Na sua maioria mexicanos, olhavam com espanto a naturalidade das gringas esbaforidas.

A rotatividade era grande, as ruínas eram o único motivo de alguém viajar até Palenque, hóspedes chegavam e saíam a cada dia. Fazendo minhas pesquisas, entrevistando os moradores e pesquisando no museu ao lado do sítio arqueológico, fiquei uma semana na cidade. As meninas também se alongaram na visita, mas nossa única conversa se deu num encontro casual no museu. Sempre juntas, se bastavam, não estavam interessadas nem preocupadas com os outros, homens ou mulheres. Pareceram-me em lua-de-mel, ou algo semelhante.

Ruínas de Palenque

Embarquei num *colectivo* e me dirigi ao sítio arqueológico, a poucos quilômetros da cidade, um trajeto feito diversas vezes ao longo de uma semana. Estava curioso, tratava-se de uma das maiores e mais importantes cidades maias, e sua localização em meio à selva lhe dava um aspecto romântico.

No topo da serra de Dom Juan, a 150 metros de altitude e recortada por cinco rios, a zona arqueológica encontra-se na divisa norte das grandes selvas de Chiapas. Com uma temperatura média anual de 26°C e recebendo 2.600 milímetros de chuva, seus templos vigiam as extensas planícies dos rios Usumacinta e Grijalva, que desembocam no golfo do México.

Batizada pelos espanhóis de Palenque, seu nome original era B'aakal. Seus primeiros habitantes começaram a construí-la por volta do ano 100 a.C. e seu auge se deu entre 630 d.C. e 740. Seu primeiro governante, Jaguar Quetzal, subiu ao trono em 431, dando início a uma dinastia formada por 19 reis, o último vivendo entre 745 e 804.

Em viagens anteriores eu conhecera, no museu de Antropologia da Cidade do México, a história do rei Pakal, o grande soberano de Palenque; agora visitaria sua tumba. Hanab Pakal II governou entre 615 e 683, morrendo aos 80 anos de idade. Seu poder foi tão grande que os hieróglifos o representam como um escudo e um sol, dando-lhe a alcunha de Escudo Solar.

Ele mandou construir muitos templos e palácios, incluindo o Templo das Inscrições, seu mausoléu, o mais celebrado monumento fúnebre das Américas em todos os tempos. A pirâmide recria os três níveis cósmicos dos maias: céu, terra e inframundo, sua iconografia representando, além do rei, seus antepassados e sucessores.

Construído sobre nove níveis (relembrando os nove níveis do inframundo), sua escadaria frontal com 25 metros de altura leva ao topo, onde existe uma seqüência de pequenas salas. No interior de uma delas há uma série de três painéis com inscrições — daí o nome do templo — contando a história de Palenque e do próprio templo.

Ainda no alto há uma estreita escadaria interna recoberta com cascalho e oferendas de cerâmica, jade e conchas conduzindo para o fundo da pirâmide, onde está a câmara funerária de Pakal, descoberta em 1952 pelo arqueólogo Alberto Ruz Lhuillier. Um respiradouro em forma de serpente sobe até o piso superior do templo, pois os maias consideravam que o ducto permitiria a uma mitológica serpente passar da tumba para o mundo dos vivos.

Painéis em baixo-relevo mostram o renascimento de Pakal, o Grande, como o deus Milho, além de diversos hieróglifos narrando as histórias de seu reinado, especialmente suas vitórias contra os inimigos de Palenque. Nas paredes, figuras em estuque representam os nove senhores do inframundo, as divindades do além-túmulo.

Como a cripta é maior do que a entrada da tumba, conclui-se que fora construída antes de se iniciarem as obras da pirâmide. O corpo de Pakal descansa em um sarcófago de pedra com silhueta humana e foi fechado com uma lápide de 3,8 metros por 2,2 metros. Uma vez completados os rituais fúnebres e fechada a câmara, foram colocados cinco sacrifícios humanos em um pequeno recinto diante da porta coberta de gesso.

Pouco depois do ano 900 a majestosa cidade foi abandonada. Localizada em uma região tropical com grande precipitação pluviométrica, em poucos anos ela foi totalmente coberta pela selva. Passaram-se outros novecentos anos para ela ser redescoberta e para que se iniciassem os trabalhos arqueológicos para trazer seus tesouros ao conhecimento do mundo moderno.

San Cristóbal de las Casas

Depois de visitar Palenque continuei para o sul, desta vez descendo pela costa do Pacífico, até San Cristóbal de las Casas, a maior cidade maia em território mexicano, no coração do estado de Chiapas, quase fronteira com a Guatemala. Em Chiapas um em cada quatro habitantes é descendente dos antigos maias, sendo que nas pequenas aldeias do interior seus moradores são todos indígenas, longe da influência dos que se mesclaram com os espanhóis, formando a elite mestiça abastada que governa o Estado.

No caminho passei por muitas aldeias maias esparramadas pelas montanhas cobertas pela selva Lacandona. Perto de Ocosingo, a pequena vila onde fiquei dois dias, alguns povoados são considerados territórios autônomos zapatistas, nos quais os rebeldes do Exército Zapatista de Libertação Nacional ainda detêm o poder.

Em 1994, quando o movimento guerrilheiro surgiu, liderado pelo comandante Marcos, eles chegaram a dominar San Cristóbal de las Casas, uma cidade com 121 mil habitantes, encravada nas montanhas. Lutando contra a oligarquia mexicana em defesa das populações indígenas, o movimento chamou a atenção da opinião pública mundial para a luta dos maias, uma vez mais sendo massacrados pelos colonizadores brancos.

Como o governo mexicano até hoje não transformou em lei os acordos que previam mais recursos para as populações indígenas, como acontecera anteriormente com o tratado que pôs fim à guerra civil na Guatemala, o movimento continua latente nas montanhas, volta e meia explodem algumas escaramuças entre a guerrilha e o exército mexicano.

Desde a chegada dos espanhóis, cinco séculos antes, freqüentemente os nativos são chamados a abrir mão de suas reivindicações, depor as armas e assinar acordos de paz com os brancos. Infelizmente também, desde essa mesma época até os dias atuais, o que se vê é o não-cumprimento das obrigações assumidas pelos governos nacionais, manipulados pela traiçoeira elite que governa esses países.

San Cristóbal de las Casas, para muitos a mais charmosa cidade mexicana, com uma maravilhosa arquitetura colonial, encontra-se a 2.163 metros de altitude. Coalhada de belas igrejas, destacam-se a catedral construída em 1528 e reconstruída em 1693 e o Templo de São Domingo, concluído em 1560. Entre os diversos museus, sobressai o Na Bolom, antiga residência de um casal de antropólogos europeus. A bela casa, construída em volta de um arborizado pátio, também abriga um instituto especializado no estudo e na preservação da cultura indígena de Chiapas.

O Mercado Municipal, centro de abastecimento da cidade, ocupa todo um quarteirão, onde pude degustar os maravilhosos doces da culinária local. Mulheres das aldeias próximas, com seus trajes típicos, tomavam as estreitas ruas do centro vendendo roupas e artesanato, em especial ao redor da igreja de São Domingo, onde se misturavam com hippies de todas as partes do mundo, dando um colorido especial às frias manhãs. Enquanto vasculhava as tendas, podia ouvir uma penca de línguas, dos dialetos maias *tzotzil* ao *tzeltal*, passando pelo espanhol, inglês, italiano e japonês.

Após a vitória do Brasil sobre a Austrália, à qual assisti junto a um grupo de australianos e uma guatemalteca que havia estudado em São Pulo, única a torcer comigo pela seleção, saímos do albergue e fomos comemorar no bar Revolución, local de encontro dos mochileiros estrangeiros.

— *Brazil is the best* — dizia uma conformada australiana.

Pagaram-me tantas *margueritas* com a legítima tequila mexicana que amanheci com uma dor de cabeça além do suportável. Pergunta daqui, pergunta dali, fui até o Centro de Desenvolvimento da Medicina Maia, instituição administrada pela Organização dos Médicos Indígenas do Estado de Chiapas, especializada no tratamento das doenças a partir dos conhecimentos da medicina tradicional maia.

Diagnosticado, disseram-me que precisavam tratar-me o espírito e o corpo, então começamos pelo espírito. Benzido por um xamã em frente a um altar com imagens de santos católicos (minha madrinha Edith Machado, espírita convicta, se ainda estivesse viva por certo diria que eu tomei um passe), fui enviado à farmácia, nos fundos do complexo de pequenos prédios. O farmacêutico, depois de ouvir minhas queixas, receitou-me um chá.

— *Biktal pom Tzunun* — ele disse. — *Chich' uch'el jun vaso, oxcoj te k'ak'al, yatalil oxim k'ak'al.*

Embora ouvisse com toda a atenção, eu só entendi a palavra *vaso*, emprestada do espanhol pelo dialeto *tzotzil* dele. Assim, sabia apenas que deveria tomar um copo do santo remédio, mas quantas vezes por dia?

— O senhor me desculpe — falei —, mas não entendo *tzotzil*. — Podemos conversar em espanhol?

— Espanhol? — ele perguntou.

— Sim. Podíamos começar pelo nome da planta. Qual o nome científico de *Biktal pom Tzunun?*

— *Salvia cinalavarina* — ele disse, após consultar um pequeno livro.

Confesso: não adiantou nada, continuei na mesma, embora a palavra sálvia não me fosse totalmente estranha, certamente eu já a tinha ouvido antes, em algum lugar no Brasil. Só mais tarde descobri tratar-se de uma planta comum no Rio Grande do Sul e que muitas vezes já tomara chá de sálvia.

— O senhor poderia me explicar novamente como se toma? — perguntei. — Não entendi a explicação em *tzotzil*.

— O senhor toma um copo três vezes ao dia durante três dias.

— Bingo!

— O que o senhor disse? — perguntou-me o farmacêutico.

— Nada, desculpe-me, apenas descobri que a palavra *vaso* eu já havia entendido.

— Então o senhor entende *tzotzil*? — ele me perguntou, um pouco surpreso.

— Apenas uma palavra — respondi. — *Vaso*.

Aproveitei e comprei uma apostila, igual à consultada pelo farmacêutico quando lhe perguntei o nome científico da planta que estava me receitando: *Las plantas medicinales utilizadas por los mayas de los altos de Chiapas*, escrita e publicada pela Organización de Médicos Indígenas del Estado de Chiapas. Caso precisasse de mais algum remédio, era só consultar o livro, colher a planta adequada, preparar o chá e tomar. Paguei tudo, agradeci e voltei para o albergue, precisava tomar um litro de chá, um *copo* três vezes por dia, durante três dias.

O que não se faz para curar uma ressaca...

Por estar na região aproveitei para viajar à pequena cidade de Chiapa de Corzo e conhecer o cânion do Sumidero, uma espetacular travessia por uma das maiores gargantas inundadas do mundo. Represado na parte baixa, para a construção de uma hidrelétrica, seu rio interior, com mais de 40 quilômetros de extensão, serpenteia por lugares que chegam a 100 metros de profundidade. Na barragem, construída em 1980, e contra a vontade dos ecologistas mexicanos, as águas têm 240 metros de espessura.

Em alguns trechos, suas paredes verticais subiam a mais de mil metros acima de nossas cabeças, uma das áreas selvagens mais belas que já encontrei. Estreito, com menos de 100 metros de largura, e com suas margens povoadas por crocodilos, macacos e uma infindável quantidade de pássaros, cruzá-lo num pequeno barco a motor propiciou-me o mais belo de todos os inesperados passeios feitos ao longo dessa expedição.

San Juan Chamula

Nos dias seguintes, para entrar em contato direto com o que restou da grande cultura maia, hoje mesclada com as tradições européias introduzidas pelos conquistadores espanhóis, aluguei uma bicicleta e me enfiei pelas estreitas trilhas em direção aos povoados mais isolados, como San Juan Chamula, 10 quilômetros a noroeste de San Cristóbal de las Casas.

Como eles têm certo receio dos estrangeiros, e não sem razão, é preciso muito tato para viajar por suas terras com um pouco de segurança. A vila está num pequeno vale entre as montanhas, a 2.260 metros de altitude, um dos locais mais sagrados para os indígenas de Chiapas, onde existe uma igreja para a celebração de seus rituais religiosos, uma mistura entre suas crenças tradicionais e a fé cristã.

Cruzei por entre as inúmeras bancas do mercado, nos quais vendiam-se especialmente frutas, e entrei no grande pátio em frente à igreja, onde fogos de artifício espocavam a intervalos regulares e algumas roupas estavam secando em longos varais.

Cidadãos da comunidade, usando grandes chapéus de palha em estilo caubói e vestindo túnicas brancas feitas de pele de cabra usadas sobre camisas e calças brancas, com bastões de madeira às costas, formavam a polícia religiosa, corpo responsável pela ordem em frente ao templo. Mesmo não sendo remunerado, cada um deles serve durante um ano, ocupação para a qual há lista de espera.

Rituais pagãos

Tão logo entrei na igreja me deparei com as cenas mais inusitadas que já vi em todas as minhas andanças por este mundo: rituais pagãos num templo que deveria ser cristão. Um forte cheiro de incenso invadiu minhas narinas e o som de acordeões, violas, chocalhos e tambores enchia o ambiente com uma melodia sincopada, músicas religiosas tradicionais da cultura maia.

As mulheres vestiam seus longos e coloridos vestidos, os homens usavam uma túnica branca feita com couro de carneiro, amarrada com um largo cinto, sobre uma calça branca que descia até a meia canela. Calçavam sandálias ou chinelos de dedo, todos extremamente concentrados em suas tarefas.

O piso da igreja estava coberto com folhas de pinheiros, um elemento capaz de absorver a energia negativa trazida pelos peregrinos e enviá-la para o inframundo. As paredes laterais da única nave estavam repletas de santos católicos em altares envidraçados ornamentados com muitas flores. No fundo, o altar principal tinha uma enorme imagem de São João Batista, padroeiro da cidade. Do centro do teto da igreja pendiam, a intervalos regulares, cinco grandes faixas de pano. Elas atravessavam o espaço vazio e se estendiam até as laterais, de onde desciam enfeitando as paredes.

Tão logo me descobriram no templo, um rapaz veio me avisar que não poderia tirar fotos nem fazer anotações. Na entrada, um grupo com trinta mulheres, algumas com seus filhos pequenos no colo, estava sentado no chão. À frente delas, todas voltadas para a lateral esquerda, havia cinco incensários maias e uma carreira de velas brancas acesas.

À frente da coluna de velas havia três mesas, nas quais três homens passavam, com ferros elétricos, roupas, toalhas de mesa, cortinas e alguns elementos decorativos, como fitas. Ao longo da igreja existiam diversas mesas, todas sendo utilizadas pelos passadores, rodeadas pelos fiéis.

As roupas haviam sido lavadas numa fonte sagrada, nos arredores da cidade, secadas no pátio em frente à igreja e agora estavam sendo abençoadas para mais tarde serem trocadas, quando eles voltassem para casa, cerimônia que acontece uma vez por ano e que eu tive a felicidade de testemunhar.

No lado esquerdo dos passadores havia um grupo de músicos, formado por quatro harpas, dois tambores, quatro violas de 12 cordas, duas gaitas e um trompete. Um pouco mais adiante, ainda no lado esquerdo, jaziam no chão quatro enormes sinos de bronze. Em frente aos sinos, outro grupo musical: quatro violeiros, quatro harpistas e três gaiteiros. Um pouco além, quatro homens, também sentados em bancos baixos e vestindo roupas tradicionais maias, tocavam chocalhos.

Havia uma infinidade de mesas com velas acesas, milhares delas, todas brancas. No chão, entre os inúmeros peregrinos sentados, muitas velas ardiam. Espalhados por toda a igreja pequenos grupos faziam suas orações, alguns em pé, outros ajoelhados. Um homem à minha frente, tão logo terminou de recitar seu mantra, fez o sinal-da-cruz na testa, no nariz, na boca e no peito.

Xamãs & Coca-Cola

Poderosos xamãs, previamente contratados, benziam os fiéis, rezando e abençoando inúmeras garrafas de Coca-Cola, tornando-as sagradas, como Jesus fizera com o vinho. Tão logo os padres católicos voltaram para a Europa, levando junto o vinho, os indígenas passaram a produzir um destilado a partir do milho para usar nos rituais religiosos, já que a região não produzia uva. Essa bebida, no entanto, custava a ficar pronta, além de ser cara.

Quando surgiram os refrigerantes na região, eles passaram a usá-los em suas cerimônias, pois eram baratos e existiam em abundância. Atualmente, em todas as celebrações maias, garrafas e mais garrafas de Coca-Cola são benzidas e transformadas em bebidas bentas, utilizadas para curar doenças e afastar os maus espíritos.

Quando alguém precisa de auxílio espiritual, material ou físico, vai até a casa de um xamã, poderoso curandeiro cujos poderes foram herdados de seus antepassados, pois apenas os filhos de xamãs podem ser xamãs, uma linhagem religiosa que remonta ao tempo dos antigos maias. O xamã então fornece ao fiel uma lista com os elementos que ele deve comprar e agenda uma sessão na igreja.

Se as necessidades do peregrino são espirituais, normalmente ele pede que levem velas, Coca-Cola, ovos, uma galinha preta, uma abóbora e um pouco de ponche. Se as necessidades são materiais, como o pedido de uma boa colheita, o xamã pede pétalas de flores, velas e folhas de pinho. Se o problema é físico, ele pede os mesmos itens utilizados no ritual para purificar o espírito, mais alguns remédios florais.

As velas são acesas e o xamã inicia suas orações, um mantra infindável pronunciado em *tzotzil*, o dialeto maia local, pedindo aos santos pelas realizações em questão. Ele passa os ramos de pinho na cabeça, no rosto, nos braços, na barriga, nas costas e nas pernas do peregrino e depois em algumas das imagens dos santos, ritual repetido diversas vezes. A seguir ele pega a galinha preta e faz os mesmos gestos. No final, quebra o pescoço da ave e a coloca no chão, para que as energias negativas, absorvidas pelo animal, baixem ao mundo inferior.

Então ele quebra o ovo, despeja a gema num copo e coloca a casca entre os ramos de pinho, apertando para que eles se quebrem completamente. Logo tanto a gema quanto o ramo de pinho são jogados fora. O xamã abençoa a Coca-Cola e o ponche para que os fiéis bebam, como Jesus Cristo fez com os apóstolos na Última Ceia, encerrando o ritual.

Como não pude fotografar nem fazer anotações dentro da igreja, eu memorizava as cenas e saía para escrever na praça em frente à capela. Isso me fez voltar diversas vezes à igreja, chamando a atenção da polícia religiosa que controlava meus movimentos.

Ainda visitei San Lorenzo Zinacantán, outra aldeia *tzotzil* entre as montanhas, essa a 2.135 metros de altitude, onde fui convidado para almoçar na casa de um morador local. *Doña* Santa, a cozinheira, ia preparando as tortilhas num fogão a lenha à medida que comíamos, todos sentados em banquinhos na própria cozinha. Na sala ao lado, em frente a um altar com imagens de santos católicos e oferendas maias, como litros de Coca-Cola e espigas de milho queimado, suas filhas teciam coloridíssimas mantas para vender no mercado em San Cristóbal de las Casas.

Guatemala II

Fronteira

Após minha prolongada peregrinação pelas vilas no sul do México peguei um ônibus para Comitán e de lá outro para Ciudad Cuauhtémoc, a 4 quilômetros da fronteira com a Guatemala, entre altas montanhas cobertas de pinheiros. Uma linha imaginária divide os dois países, facilitando a fuga dos guerrilheiros de um lado para outro sempre que irrompem guerras civis nessa conturbada região centro-americana.

Subi caminhando pelo acidentado relevo e cruzei a fronteira na cidadezinha de La Messila. Precisei pagar uma taxa de saída do México correspondente a 21 dólares americanos, um absurdo. Reclamei, mas de nada adiantou, era a lei.

— Lei antiturismo — falei, mas o guarda mandou-me passar adiante, a fila precisava andar.

Tomei um ônibus para Huehuetenango, na cordilheira Chuchumatán, coração do altiplano guatemalteco, uma área repleta de vales e montanhas, onde as pequenas aldeias reúnem as populações que aos poucos foram se aglutinando após o colapso da grande civilização. Eles não tinham mais um estado organizado quando os europeus chegaram na região. Após a desintegração de suas grandes cidades, a população, esparsa pelas florestas, ou vivendo em pequenos assentamentos, foi cruelmente subjugada pelos conquistadores espanhóis.

Em 1524, quando Pedro de Alvarado entrou na Guatemala, os maias de K'umarcaaj, liderados pelo rei *quiché* Tecún Umán, foram derrotados. Segundo a lenda, o chefe maia caiu mortalmente ferido num combate corpo-a-corpo. Os *quichés* não conseguiram convencer seus tradicionais inimigos locais para que se unissem a eles contra os invasores. Pelo contrário, os *cakchiquel* se aliaram aos espanhóis contra os *quiché* e os *zutuhil*, facilitando a vitória dos europeus. Pior: os próprios maias *cakchiquel*, que na primeira hora apoiaram Pedro de Alvarado, também acabaram massacrados.

Após a vitória, os espanhóis queimaram vivos os líderes nativos e destruíram K'umarcaaj, hoje um amontoado de ruínas em que famílias camponesas fazem piqueniques nos fins de semana, a maioria sem ter noção do que fora a região no passado.

Chichicastenango

Passei pela bela cidade colonial de Quetzaltenango, onde fiz uma parada para assistir à vitória do Brasil sobre o Japão, comemorada com alguns amigos guatemaltecos. Eles são os maiores torcedores do Brasil na América Central, nossa seleção de futebol representa para eles a vitória de uma pobre nação latina sobre as ricas potências européias, uma consciência política que não temos no Brasil. As casas, os bares, os restaurantes e os carros nas ruas estavam enfeitados com bandeiras brasileiras, e eu tive a sensação de caminhar pelas ruas de Porto Alegre.

Existem muitas, e boas, escolas de espanhol para estrangeiros em Xela, como os locais a chamam, dando à cidade um colorido todo especial. Ela está rodeada por belos vulcões, alguns em atividade, e todos podem ser contemplados de sua parte alta, de onde saem os ônibus para as demais cidades da região. Depois de deliciar-me com uma série de concertos de marimbas, viajei para a pequena Chichicastenango, a 20 quilômetros das ruínas de K'umarcaaj, na parte mais remota da selva que cobre a serra de Chiacús.

A viagem de Quetzaltenango até Chichicastenango foi de uma beleza fantástica. Um velho ônibus norte-americano da Blue Bird Body Company, fabricado em Fort Valley, na Geórgia, em 1985, movido por um potente motor Internationali a diesel subia e descia por entre as altas montanhas numa agonia de dar dó. Com nove bancos de cada lado do corredor, capacidade para 66 passageiros e classificado como ônibus escolar, ele agora roncava e largava fumaça transportando indígenas entre as duas cidades do altiplano.

A cada parada, por mais breve que fosse, um enxame de vendedores ambulantes entrava no ônibus: doces, pães, sucos, remédios milagrosos, frutas, relógios falsificados e toda espécie de quinquilharias eram oferecidos aos passageiros. E aquela boa gente, por mais pobre que fosse, comprava de tudo um pouco. Às vezes, algum vendedor subia na metade do caminho, passava vendendo seus quitutes e descia mais adiante, não sem antes presentear o motorista com algum pastel ou uma pequena tortilha.

Paramos num acidente e o cobrador aproveitou para colocar água no radiador, tirando-a de um pequeno tonel que ele enchera quando abastecemos, na saída da cidade. Parados num posto da Polícia Nacional Civil, fomos rapidamente revistados, documentos nem foram pedidos — imagino que a maioria não os tivesse, e seguimos adiante. Embora o destino do ônibus estivesse escrito em letras garrafais na frente do veículo, quando nos aproximávamos de algum grupo de pessoas na beira da estrada o cobrador abria a porta e começava a gritar:

— Chichi! Chichi! Chichi!

Intrigado, numa das inúmeras paradas perguntei-lhe por que precisava dizer para onde íamos se estava escrito no ônibus.

— O pessoal não sabe ler — ele se limitou a responder. — Está escrito em espanhol, deveria estar escrito em *quiché*.

Ele se referia ao dialeto maia local. Pensei em perguntar por que, já que naquela região todos falavam *quiché*, as informações e avisos populares, como a direção dos ônibus, não estavam em *quiché*, mas desisti. Não era difícil imaginar a resposta, embora provavelmente ele nem soubesse me responder. Estávamos numa parte do mundo em que as pessoas obedecem aos regulamentos sem perguntar os motivos de as coisas serem dessa ou daquela natureza. A vida numa região como essa, na qual questionar uma autoridade pode significar ser queimado vivo ou massacrado, não forma cidadãos, mas servos.

Quando o ônibus alcançava o alto da serra tínhamos uma visão extraordinária das terras altas, avistávamos quilômetros e mais quilômetros de montanhas onduladas cobertas de árvores. Quando descíamos ao fundo do vale cruzávamos em precárias pontes construídas sobre rápidos córregos cavalgando espremidos por entre desfiladeiros de descomunal tamanho. Fiquei imaginando como a vida dos antigos maias deveria ter sido difícil nesta região, embora fosse exatamente por causa de sua acidentada topografia que eles mantinham suas características culturais até os dias atuais.

Descemos em caracol até o fundo de um extraordinário vale, o ônibus usando o freio motor, suas rodas passando demasiadamente perto das bordas do precipício, cruzamos uma ponte, fizemos uma curva bem acentuada e subimos pela outra encosta. Eu estava embasbacado com tamanha beleza, mas meus amigos dentro do ônibus se mostravam mais preocupados em acompanhar o ritmo de uma salsa saindo em altos brados do velho e empoeirado alto-falante.

Discutiam acaloradamente sobre algum assunto, volta e meia me lançavam olhares furtivos. Talvez estivessem falando de mim, mais um intruso em suas terras, mas o único gesto que eu podia fazer era devolver-lhes um sorriso acanhado. Tentei conversar com um velho senhor ao meu lado, mas ele só falava *quiché*. Desisti do interior do ônibus, não havia nada que eu pudesse fazer. Resolvi concentrar-me na bela paisagem, um oceano verde ondulando ao sabor das imensas colinas do altiplano maia.

Eu conhecia o valor exato da passagem, mas não tinha trocado e dei uma nota maior. Imaginava que o troco não voltaria, por isso me surpreendi quando o cobrador veio trazer-me a diferença um pouco antes de chegarmos na cidade. Ele me cobrou um quetzal a mais, mesmo assim fiz que não notei. Essa espertice o deixaria feliz para o resto do dia e não faria diferença em meu orçamento.

Mais tarde, mas isso foi muito tempo depois, dei-me conta de que me afeiçoara de tal forma aos maias que ser vítima de seus pequenos trambiques apenas me divertia. Talvez fosse o sintoma de algum complexo de culpa, uma espécie de pecado original herdado dos atrozes conquistadores brancos. A verdade é que essas pequenas vigarices, quando acontecem na África ou na Ásia, sempre me deixam furioso.

Mais esperto que o cobrador do ônibus foi um cara que encontrei nas proximidades da pousada para onde me dirigia. Eu já tinha a localização da hospedaria, não pretendia deixar-me influenciar pelos tradicionais achacadores de turistas que fazem ponto nos terminais rodoviários. Mas quando me aproximei da Hospedaje Salvador, um sujeito se apresentou como proprietário e conduziu-me até a recepção. Depois de negociarmos o valor da diária, encarecida pela minha exigência de uma tevê no quarto (eu queria ver o jogo do Brasil), ele chamou um rapazote que me entregou as chaves e subi para o quarto.

Larguei a mochila sobre a cama e abri a janela, a paisagem era muito bonita, estávamos no alto das montanhas. Olhando para a rua, lá embaixo, vi o sujeito saindo do prédio contando dinheiro, por certo rindo da minha cara. O meu dinheiro, pensei na hora, a comissão que o vivaldino recebeu saiu do meu bolso, tudo por não saber falar *quiché*. O preço da diária, no quarto individual, com banheiro e tevê, acabou me custando dez dólares americanos, um dos quais deve ter ido para o bolso dele. Achei engraçado, mas se fosse no Egito, por exemplo, sairia atrás do sujeito e lhe desfecharia uns bons pontapés.

Chichi, como a cidadezinha é chamada pelos locais, é um dos lugares mais extraordinários do que sobrou da grande cultura. A mais de dois mil metros de altitude, perdida em meio às altas montanhas, ela amanhece coberta pelas nuvens; seus telhados avermelhados envoltos pela neblina lhe dão contornos de contos de fada. Os *masheños*, como são chamados seus habitantes, são famosos por continuarem praticando crenças e cerimônias religiosas anteriores à chegada do cristianismo.

Na cidade existem dois sistemas administrativos e religiosos: a Igreja católica e o governo da Guatemala nomeiam os sacerdotes e funcionários públicos, enquanto os indígenas elegem suas próprias autoridades civis e religiosas. Existe até um tribunal próprio para julgar desavenças entre os indígenas. Mesmo assim, a mescla cultural persiste, pois assisti na igreja de São Tomás, construída em 1540, a uma missa falada em *quiché*. O padre Thomaz Ventura intercalava passagens em espanhol com passagens no dialeto maia, assim todos podiam entender a palavra de Deus.

Embora se trate de um povo cordial, caminhar pelos arredores da cidade para melhor apreciar suas belezas naturais requer um pouco de cautela. Em 2000, um turista japonês e seu motorista guatemalteco foram assassinados por uma multidão em fúria em Todos os Santos de Chuchumatán. Isso porque o incauto rapaz insistiu em fotografar uma criança que ele encontrara brincando na beira da trilha. Interrogada pela polícia, mais tarde, a população alegou que o estrangeiro estava praticando rituais satânicos e ninguém foi condenado.

Os maias normalmente não gostam de ser fotografados e, quando se trata de crianças, sentem-se ainda mais ameaçados, pois aconteceram casos de estrangeiros, especialmente mulheres brancas, seqüestrarem garotas para mais tarde contrabandeá-las para o exterior ou retirar seus órgãos para transplantes. Lenda ou verdade, era recomendável precaver-se.

De forma geral os maias são pessoas reservadas, e é preciso respeitar essa privacidade. As mulheres, especificamente, preferem evitar o contato com forasteiros. Pela etiqueta local falar com desconhecidos não é algo que uma moça descente deva fazer. Comportar-se de forma adequada pode premiar o viajante com algo encantador: ser convidado para freqüentar uma casa maia. Estabelecido um primeiro contato cordial, eles se tornam atenciosos e dispostos a falar sobre qualquer assunto, quando se pode realmente ingressar no Mundo Maia.

A bíblia maia

Convidado para visitar a casa de José Martins, um senhor que conheci enquanto visitava a igreja, pude fazer-lhe algumas perguntas sobre a história sagrada dos maias. Eu já havia lido bastante sobre o assunto, mas estava curioso para ver se os fatos descritos nos livros em que baseei minha pesquisa refletiam as crenças atuais do povo.

Um dos textos mais importantes do Mundo Maia, o *Popol Vuh*, foi escrito após a conquista espanhola. Os sacerdotes *quichés* mostraram seu livro sagrado ao padre Francisco Ximenes, um dominicano que viveu e trabalhou em Chichi entre 1701 e 1703. O frei copiou o livro em *quiché*, palavra por palavra, utilizando o alfabeto latino, e posteriormente o traduziu para o espanhol. Essa cópia e a tradução ainda se conservam, mas o original maia se extraviou.

— Li muito sobre o *Popol Vuh* — falei para seu José enquanto ele me mostrava sua *morería*, a oficina em que fazia as máscaras de madeira usadas nas festas religiosas da cidade. — Eu queria conhecer melhor a história desse livro.

José Martins não era um homem comum. Artesão dos mais respeitados em Chichi, liderava uma das confrarias, grupos religiosos que organizam as procissões pelas ruas da cidade durante os festejos santos.

— O *Popol Vuh* — ele foi explicando, enquanto caminhávamos — narra o surgimento da vida e das glórias dos deuses e dos reis. Sua essência pode ser assim resumida: o grande deus K'ucumatz criou a raça humana a partir do barro. Mas esses seres de terra eram frágeis e se dissolviam na água, e não deu certo. K'ucumatz não desistiu: tentou novamente utilizando madeira. Os seres de madeira não tinham coração nem razão, por isso não podiam rezar a K'ucumatz agradecendo pela criação. Foram também destruídos, exceto os macacos da selva, os únicos animais descendentes desses seres primitivos.

— Mas K'ucumatz não desistiu — falei.

Ele estava fazendo uma pausa longa demais e eu queria ouvir logo o fim da história. Imaginei que José Martins estava mais interessado em me vender uma de suas máscaras, e não me enganei. Elas eram bonitas, até poderia comprar alguma, mas no mercado, no dia seguinte, quando as imaginava mais baratas.

— Claro que K'ucumatz não era de desistir facilmente; se parecia com nosso povo, fomos criados à imagem e semelhança dele — continuou o bom homem. — Por isso, tentou uma última vez utilizando um material recomendado por quatro animais: uma raposa, um coiote, um papagaio e um corvo. A substância sugerida por esses animais era o milho, o milho branco e o milho amarelo. Transformados em farinha para formar a carne e misturados com água para produzir o sangue, a criação se consumou.

— Por isso os guatemaltecos se dizem orgulhosamente homens de milho — acrescentei, exatamente como eu havia lido.

— Isso mesmo — ele concordou, e acrescentou: — Qual das máscaras o senhor vai querer comprar?

Mercado

Em Chichicastenango existe o maior mercado maia da atualidade. Às quintas-feiras e aos sábados, campesinos de todas as partes da região se reúnem na praça em frente à igreja para vender os produtos que têm em excedente. No entardecer do dia anterior as barracas começam a ser montadas, primeiro na praça, depois se estendendo pelas ruas laterais.

A cidade se transforma num grande mercado, onde é vendido de tudo, especialmente produtos agrícolas cultivados no altiplano e materiais utilizados nas cerimônias religiosas, pois a vinda à cidade também é aproveitada para os indígenas realizarem seus cultos, cultos esses praticados dentro da igreja, uma ampla nave onde os bancos foram substituídos por baixos altares, utilizados para as oferendas, normalmente compostas por milho assado, flores, incensos, garrafas de licor, às vezes uma galinha preta morta, e as velas, tudo na presença de São Tomás e outras divindades católicas.

As cerimônias religiosas também são realizadas nas escadarias externas frontais da igreja, onde os *chuchkajaues*, líderes espirituais indígenas, balançam incensários de lata durante horas cantando mantras mágicos do antigo calendário maia em homenagem a seus antepassados, exatamente como faziam seus ancestrais nas escadarias das grandes pirâmides. Embora acrescida da influência de outras religiões, sobretudo o cristianismo, eles mantêm em grande parte suas crenças originais.

Como no Mundo Maia antigo, muitos xamãs foram sepultados dentro da igreja. Algumas famílias em Chichicastenango relembram parentes sagrados que remontam ao tempo dos reis maias. Como o culto aos antepassados tem uma importância muito grande na cosmologia maia, enterrar alguém embaixo de uma pirâmide, da igreja ou da própria casa confere ao local um caráter divino.

Como essas escadas só podem ser utilizadas pelos padres ou pelos *chuchkajaues*, para entrar na catedral precisei utilizar uma porta lateral. Um grande incensário na parte inferior da escadaria queima incenso de resina vegetal continuamente, servindo também para algumas pessoas acenderem seus próprios incensários, carregados enquanto percorrem o mercado fazendo compras.

No coração do mercado, uma área coberta por velhas lonas abrigava os tradicionais *comedoros*, as tendas de alimentação. As cozinhas, com suas chapas de fogões precariamente montadas sobre tonéis cortados ao meio, cheios de brasas, foram instaladas para funcionar apenas no domingo. As mulheres, vestidas com as roupas típicas de suas aldeias, auxiliadas por algumas meninas, cozinhavam sem parar, empilhando os pedaços de galinha frita sobre uma enorme bandeja. Quando eu me aproximava, sorriam timidamente e ficavam torcendo para que eu escolhesse seu restaurante. Por certo, imaginando a venda superfaturada de seus quitutes, afinal, um turista endinheirado...

Iniciei a manhã com o *desayuno chapín*, o tradicional desjejum guatemalteco: ovos mexidos, pasta de feijão, abacate frito, queijo, *comal* (tortilhas menores e um pouco mais grossas do que as mexicanas) e café. Ao meio-dia, provei de tudo um pouco, especialmente os pratos conhecidos como *a la indígena*: galinha frita com farofa de milho, tortilhas, pasta de feijão, pequenos pedaços de abóbora e saladas picantes. À noite, o cardápio foi quase o mesmo da manhã, acompanhado por uma xícara de chá digestivo.

Caminhando pelo mercado de Chichi se tem a real dimensão da tragédia que foi a derrocada dessa grande civilização. As atividades de subsistência dos indígenas remanescentes sequer servem para fornecer-lhes alimentos suficientes para uma vida digna, o preço pago pela forma desastrosa como os sacerdotes e a realeza administraram o povo maia.

Encontro com um deus maia

Minha última visita aos arredores de Chichicastenango, e um dos momentos mais esperados desta peregrinação em busca do mundo perdido dos maias, se daria no cume do cerro Pascual Abaj, considerado o lugar mais sagrado do Mundo Maia atual. Alertaram-me para a possível presença de salteadores no caminho, em particular na subida da montanha, mas eu queria ficar sozinho no santuário, caso contrário não conseguiria me concentrar em sua extraordinária história, nem prestar minha homenagem ao grande deus.

O local ficava a poucos quilômetros da cidade, sempre havia movimento por lá. Assim, fui no dia seguinte à realização do mercado, quando os nativos já tinham regressado a suas aldeias e o santuário deveria estar deserto. Muni-me de água, algum alimento, um bom chapéu e dei início à peregrinação, uma pequena jornada em direção ao misterioso passado místico dos maias.

Desci ao fundo do vale, cruzei entre algumas *morerías* e subi pelo outro lado, uma encosta tão íngreme que o caminho levando ao cume do cerro seguia em ziguezague para tornar a subida menos dramática. Em alguns lugares o chão de terra desmoronava, obrigando-me a testar a solidez do solo antes de apoiar o pé e largar todo o peso do corpo. Imaginei que o próprio desafio fazia parte das penitências pagas para ter acesso ao santuário.

A cada 10 metros parava para retomar o fôlego e apreciar a paisagem lá embaixo, cada vez eu podia ver mais longe, as serras em torno de Chichicastenango cobriam de verde quilômetros e mais quilômetros de extensão. A cidade, a 2.030 metros de altitude, no topo de outra montanha, estava muito abaixo da linha dos meus olhos. Avancei lentamente, nada de esforço extra capaz de me deixar extenuado. Segui prestando atenção aos movimentos ao longo da trilha, mas não me pareceu que alguém mais estivesse pelas redondezas.

Após um bom esforço cheguei ao alto da montanha, no lado sul da cidade, onde havia uma clareira na mata, local do santuário Pascual Abaj (Pedra do Sacrifício). Deus, não sei se o dos maias ou o meu, atendeu às minhas preces: fiquei sozinho no local. Plasticamente falando, o lugar nada tem de especial. Apenas chão coberto de fuligem, um pequeno e baixo altar e no meio uma imagem de pedra negra rodeada de oferendas e coberta de sebo de vela.

O ídolo representando Huyup Tak'ah (planície montanhosa), o deus maia da terra, vem sendo adorado há mais de mil anos. O vandalismo dos estrangeiros e o passar do tempo foram corroendo suas formas humanas, deixando à vista apenas uma pedra disforme, algo que no passado deveria representar um busto. Os *chuchkajaues* organizam cerimônias regularmente em frente ao deus, levando-lhe flores, incensos, cigarros, comida, licor, garrafas de Coca-Cola e galinhas pretas mortas, tudo para agradecer à divindade pela fertilidade da terra.

Há três cruzes de pedra ao lado esquerdo de Huyup Tak'ah, porém apenas uma delas tem representatividade cristã, as demais foram colocadas pelos xamãs. Para os maias antigos, a ceiba era uma árvore sagrada e simbolizava o mundo. Ela unia o céu (galhos e folhas), a terra (tronco) e os nove níveis do inframundo (raízes). Quando os padres católicos chegaram com a cruz, por ter o mesmo formato da árvore maia, as duas crenças se mesclaram e hoje tanto cristãos como xamãs se valem da mesma simbologia, com seus próprios significados.

Do mesmo modo que o grande dragão cósmico verte o sangue que alimenta a terra em forma de chuva, os homens devem verter seu sangue para se unir a Xibalda, a divindade do inframundo. Por isso, as sangrias eram as cerimônias religiosas mais importantes no Mundo Maia.

Os reis praticavam rituais de sangrias com freqüência, uma forma de estimular a sensibilidade dos deuses, pedindo pela fertilidade da terra, dádiva indispensável num mundo cada vez mais povoado. Quando os padres católicos proclamaram que Jesus, o rei dos judeus, havia vertido seu sangue para salvar os mortais, os xamãs maias não tiveram nenhuma dificuldade em entender e assimilar tal simbolismo, ainda aplicado nas cerimônias em Pascual Abaj.

Ao contrário do que reis como Dezoito Coelhos, Ah Cacau ou Pakal devem ter feito, não usei uma espinha de peixe para fazer meu sangue escorrer e sensibilizar os deuses para os problemas da Terra. Uma simples picada com meu canivete suíço serviu para uma gota de sangue pingar junto a Huyup Tak'ah, escorrendo pelo solo sagrado do Mundo Maia e fertilizando não apenas o inframundo, mas as esperanças de meu próprio mundo.

Causas do colapso

Superpopulação

Os abandonos repentinos das poderosas cidades, muitas em seu auge, e em épocas diferentes, como aconteceu em Copán, Tikal e Chichén Itzá, têm levado os historiadores a um grande debate desde o século XIX. Depois de muitas teorias mirabolantes, algumas sugerindo serem os maias povos extraterrestres, a situação foi sendo esclarecida à medida que estudos científicos desenvolvidos pelas universidades norte-americanas trouxeram informações mais precisas sobre o passado na América Central.

Entre as diversas causas que contribuíram para o colapso de Copán, e que vale para todo o Mundo Maia, a mais importante advém de sua grande população na época do declínio. A cidade tinha quase 30 mil habitantes vivendo na parte mais fértil do vale, ocupando todo o espaço anteriormente destinado à agricultura, em especial o milho, alimento responsável por 70 por cento da dieta maia, segundo dados obtidos por meio de análises isotópicas de antigos esqueletos.

Para complicar, o milho possui um teor protéico inferior ao das outras culturas praticadas na época, como nos Andes, onde os incas também plantavam batatas. As lavouras de milho nos campos elevados dos astecas eram mais intensivas, na Eurásia os agricultores utilizavam arados de tração animal para aumentar a produtividade das roças. No

Mundo Maia, todo o transporte terrestre era feito nas costas de carregadores humanos, eles mesmos grandes consumidores de comida.

Quando os reis enviavam um suprimento de milho para alimentar um exército no campo de batalha, parte da carga era consumida pelos carregadores, tanto na ida quanto na volta. Quanto mais longa a viagem, menos comida sobrava para os soldados, inviabilizando batalhas a mais de uma semana de caminhada da sede do reino. Por isso, o Mundo Maia permaneceu politicamente dividido em pequenos reinos permanentemente em guerra uns com os outros, nunca se unificando num grande império como os astecas ou os incas.

Batalhas entre as cidades sob o domínio de um mesmo soberano eram freqüentes, umas querendo sobrepor-se às outras, principados insurgentes tentando dominar todo o reino e assumir como capital, como aconteceu entre Copán e Quiriguá, aquela guerra em que o pobre rei Dezoito Coelhos perdeu a cabeça. Guerras civis eclodiam pelo domínio do trono, sem contar as carnificinas que devem ter sido as lutas pelas terras nos momentos das grandes crises climáticas. Esses conflitos criavam grandes vazios territoriais, lugares em que não era seguro preparar a terra para novas plantações, diminuindo ainda mais as áreas cultiváveis.

Um agricultor do antigo Egito produzia no vale do Nilo cinco vezes mais alimento do que o necessário para ele e sua família. Enquanto isso, em decorrência de uma série de limitações, sobretudo no que diz respeito aos problemas de irrigação e à fragilidade dos solos, um camponês maia só conseguia suprir duas vezes essas mesmas necessidades.

Seus únicos animais domésticos eram o cão, o peru, o pato e uma abelha sem ferrão capaz de produzir mel, enquanto sua fonte mais importante de comida silvestre era o veado, esse principalmente um luxo da elite. Também comiam peixe, mas em pouca quantidade. Os poucos ossos de animais encontrados nos sítios arqueológicos sugerem que a pequena quantidade de carne ingerida pela população estava bem abaixo do que seria aconselhável para uma dieta saudável.

Copán e Tikal mostram poucas evidências arqueológicas de práticas que pudessem aumentar a produtividade das lavouras, tais como terraceamento, irrigação ou sistemas de drenagem e elevação de campos. Em vez disso, os agricultores devem ter praticado uma agricultura de cobertura morta e de irrigação por inundação, abreviando o tempo de descanso das roças. Arando as terras para aumentar a fertilidade, chegaram a plantar todos os anos nas partes altas e duas vezes por ano nas áreas úmidas.

Essa prática esgotou os campos cultiváveis, empurrando as lavouras para as encostas das montanhas, onde as terras não eram produtivas o suficiente para alimentar toda a população. O solo nas colinas em torno de Copán é menos fértil, mais ácido e mais pobre em fosfato do que o solo do vale. Além disso, sem a cobertura das matas nativas, o solo erodido, que perde três quartos de sua produtividade numa década de cultivo, desceu para o fundo do vale, cobrindo-o com camadas e mais camadas de sedimentos pobres em nutrientes, inutilizando para o plantio toda a área em torno da cidade.

Independentemente disso, os governantes exigiam cada vez mais impostos, pagos na forma de grãos, para alimentar as guerras crônicas empreendidas pela nobreza e construir grandes templos em suas próprias homenagens. Em vez de resolver os problemas fundamentais do reino, essa política acabou contribuindo para o rápido declínio da sociedade organizada.

Desequilíbrio ambiental

Em seu livro *Colapso*, o biólogo norte-americano Jared Diamond escreveu:

> A grande arte e a arquitetura das cidades maias resultaram em muito mais estudos arqueológicos do que seria o caso se os maias fossem apenas caçadores-coletores analfabetos vivendo em cabanas

arqueologicamente invisíveis. Recentemente, os climatologistas e paleoecologistas puderam reconhecer diversos sinais de antigas mudanças climáticas e ambientais que contribuíram para o colapso.

Construídas longe dos rios, em áreas elevadas — por motivos ainda ignorados —, as cidades resolveram o problema da falta de água escavando depressões e selando os terrenos porosos por onde as chuvas se infiltravam rapidamente, drenando a água da superfície. Engessando o fundo desses gigantescos tanques naturais, os maias recolhiam as chuvas e armazenavam a água para ser usada na estação seca.

Os reservatórios de Tikal tinham água para suprir as necessidades de cerca de 10 mil habitantes durante um ano e meio. Para o clima tradicional da região, era suficiente, mas eles teriam problemas caso enfrentassem uma seca prolongada. No caso das plantações, que exigem mais água do que as cisternas, mesmo uma seca mais breve exterminaria seus estoques de alimentos. Como o milho não resiste mais de um ano guardado em clima úmido, estocá-lo em grandes quantidades era impossível.

Recentes investigações arqueológicas indicam que durante o século VIII o vale do rio Copán perdeu as florestas que cobriam as encostas de suas montanhas, passou por longos períodos de seca, sofreu erosões massivas do solo e repentinas inundações durante a estação das chuvas. Assim, ao destruir seu entorno ambiental, a poderosa cidade precisou ser abandonada por seus habitantes, pois suas lavouras entraram em colapso.

Segundo nos explica Jared Diamond, em *Colapso*:

> A razão para esta erosão das encostas é clara: as florestas que antes cobriam e protegiam o solo estavam sendo derrubadas. Amostras de pólen datadas demonstram que as florestas de pinheiros que cobriam as maiores elevações das encostas das colinas também acabaram sendo derrubadas. Os cálculos sugerem que a maioria

> desses pinheiros tombados era usada como combustível, enquanto o restante era usado para construção ou fabrico de gesso. Em outros sítios maias da era pré-clássica, onde abusaram do uso do gesso em edifícios, a produção de gesso pode ter sido um dos fatores de desmatamento. Além de causar acúmulo de sedimentos nos vales e privar seus habitantes do suprimento de madeira, tal desmatamento pode ter começado a resultar em uma "seca produzida pelo homem" no fundo do vale, porque as florestas têm papel importante no ciclo das águas, e o desmatamento intensivo tende a resultar em menos chuvas.

Os reis acumulavam o poder político e espiritual, agindo também como sumos sacerdotes. Ministravam rituais capazes de trazer chuva e prosperidade em virtude da ligação espiritual com os deuses, cabendo-lhes administrar especialmente a relação com Chac, a divindade das chuvas, responsável pelas boas colheitas. Assim, os camponeses sustentavam o estilo de vida luxuoso do rei e de sua corte, alimentavam-nos com milho e carne de veado e construíam seus palácios, tudo em troca da proteção climática.

Com o desequilíbrio ambiental, a degradação dos solos, o colapso das lavouras, o término dos estoques de comida e água, uma grande fome se instalou em Copán. Os plebeus se revoltaram contra o rei, a nobreza, os generais e os sacerdotes, dando início a uma sangrenta revolta popular. A guerra civil destruiu o Estado organizado, a nobreza e os religiosos foram assassinados e a população enraivecida destruiu o que pôde, em seguida voltando para o campo, lutando pela própria sobrevivência.

Mesmo sem um Estado organizado, o vale ainda se manteve densamente povoado pelo menos até o ano 1200. A partir dessa época, os moradores da região foram diminuindo até se resumirem às pequenas aldeias encontradas pelos espanhóis quando chegaram na América Central. Estudos recentes sugerem que a diminuição da população foi uma resposta da própria natureza, pois quando grandes períodos de fome assolam uma região a fertilidade das mulheres cai a níveis impossíveis de repor a população que vai envelhecendo.

As cidades do Yucatán com suprimentos estáveis de água, construídas à beira dos cenotes, como Chichén Itzá, as costeiras, como Tulum, as cidades à beira de grandes lagos, como Tayasal, ou junto aos grandes rios, como Lamanai, sobreviveram até a chegada dos espanhóis, embora não tão viçosas como as grandes metrópoles do coração do Mundo Maia. Grande parte dessa gente migrou para o atual território da Guatemala, onde vive a maior parte dos remanescentes da grande civilização.

Lição

Em vez de preocupar-se com os problemas de longo prazo rondando seus reinos, a realeza estava voltada para o auto-enriquecimento em curto prazo, guerra por mais poder, construção de monumentos civis e religiosos e a exploração dos trabalhadores braçais, tudo para sustentar suas cada vez mais desmedidas ambições. Assim como muitos líderes ao longo da História, os reis e nobres maias não procuravam resolver os problemas estruturais de seu mundo, mesmo que os percebessem, uma triste semelhança com a realidade de nossos dias atuais.

A grande lição que os arqueólogos vêm aprendendo com o estudo do colapso maia diz respeito à forma como o homem se relaciona com o meio ambiente. Para os cientistas, se não podemos prever o futuro, pelo menos podemos aprender com o passado, e ele ensina a preservar o entorno natural em que vivemos. Não apenas porque as mudanças climáticas estão pondo em risco o futuro do planeta, mas o da própria Humanidade.

Mesmo assim, parece que a catástrofe maia não está sensibilizando o mundo moderno. Estima-se que, no auge dos maias, a população de El Petén deveria corresponder a cerca de 3 milhões e 14 milhões de habitantes. Na chegada dos espanhóis, apenas 30 mil pessoas viviam nessa área. Em 1714, a população baixou para 3 mil habitantes, em particular por causa das novas doenças infecciosas trazidas pelos europeus. Por volta de 1960, a população de El Petén havia crescido para 25 mil, mesmo assim menos de um por cento do que fora no auge do período clássico.

A partir dessa época, os imigrantes invadiram a região, elevando a população para 300 mil na década de 1980, dando início a uma nova era de desmatamento e erosões. Atualmente, metade de El Petén está novamente desmatada e ecologicamente degradada. Um quarto de todas as florestas de Honduras foi destruído entre 1964 e 1989. O mesmo vem ocorrendo na maior parte das áreas verdes do planeta nos dias atuais, como na Amazônia.

Ecologistas independentes acreditam que se a espécie humana se extinguisse, a Terra recuperaria seu equilíbrio ecológico em poucos séculos. Por isso, a relação homem-natureza é mais importante para os humanos do que para as plantas e os demais animais que vivem no planeta, pois as maiores vítimas das catástrofes ambientais são os próprios seres humanos, lição que os maias aprenderam à custa de sua própria civilização, preço que talvez também tenhamos de pagar num futuro não muito distante, tendo em vista que os países modernos seguem os mesmos padrões dos reinos maias: superpopulação, esgotamento dos solos, desmatamentos constantes e irreversíveis e intervenções humanas nos ciclos climáticos. Para piorar, estamos acrescentando algo que nem os reis maias foram capazes de fazer: acelerando o aquecimento global.

Nunca tantas gerações futuras dependeram tanto de nossa geração, pois o colapso ou o triunfo da espécie humana, como um todo, está em nossas mãos.

Então, mãos à obra!

Referências bibliográficas

CAMPA, Mario. *Palenque*. Cidade do México: Monclen Ediciones, 2001.

DIAMOND, Jared. *Colapso*. Rio de Janeiro: Record, 2005.

Diversos. *El mistério de la vida maya*. Cidade da Guatemala: International Care Guatemala, 2006.

FASH, William; Fasquelle, Ricardo; Fash, Barbara. *History Carved in Stone*. Tegucigalpa: Instituto Hondurenho de Antropologia e História, 2006.

GORRY, Connerj; Vidgen, Lucas; Palmerlee, Daniel. *Guatemala, Belize & Yukatan*. Melbourne: Lonely Planet Publications, 2004.

HUMPHREY, Chris. *Honduras*. Emeryville, EUA: Avalon Travel Publishing, 2003.

NOBLE, John; Forsyth, Susan. *Guatemala*. Barcelona: GeoPlaneta, 2004.

REID, Robert *et ali*. *Central America. Melbourne: Lonely Planet Publications, 2004.*

VARELA, Xavier Alducin. *Chichén Itzá*. Cidade do México: Ediciones Alducin, 1984.

VOGEL, Susana. *Tulum*. Cidade do México: Monclen Ediciones, 1994.

Este livro foi composto na tipologia
GoudyOlSt BT, em corpo 11,5/16,1, impresso em
papel off-set 90/m², no Sistema Cameron
da Divisão Gráfica da Distribuidora Record.